KB216442

아씨시 프란치스코

기쁨에 찬 가난, 기도로 빚어낸 기쁨

사이먼 콕세지·양세규 옮김

이 도서의 국립중앙도서관 출판시도서목록(CIP)은
서지정보유통지원시스템 홈페이지(http://seoji.nl.go.kr)와
국가자료공동목록시스템(http://www.nl.go.kr/kolisnet)에서
이용하실 수 있습니다. (CIP제어번호 : CIP2015027602)

아씨시 프란치스코

기쁨에 찬 가난, 기도로 빚어낸 기쁨

사이먼 콕세지 지음·양세규 옮김

| 차례 |

일러두기

· 역자 주석의 경우 *표시를 해 두었습니다.

· 프란치스코 1차 저작 인용은 『아씨시 프란치스코와 클라라의 글』(프
란치스코 출판사, 2014)을, 토마스 첼라노의 전기 인용은 『아씨시 성
프란치스꼬의 생애』(분도 출판사, 2000)를 따랐습니다. 본문 사용을
허락해 준 프란치스코 출판사, 분도 출판사와 프란치스코와 프란치스
코회 용어를 다듬어 준 프란치스코 출판사 형제들에게 감사 드립니다.

나는 여러분의 발에 입 맞추면서 내가 할 수 있는

사랑으로 모든 형제 여러분에게 부탁드립니다.

우리 주 예수 그리스도의 지극히 거룩하신 몸과 피에

여러분이 할 수 있는 모든 공경과

모든 영예를 나타내 보이십시오.

그분 안에서 하늘과 땅에 있는 만물이

전능하신 하느님과 평화롭게 되었고, 화해하게 되었습니다.

형제회에 보낸 편지 中

들어가며

내 주님을 찬미하고 찬양들 하여라.

감사를 드리고 한껏 겸손을 다하여 주님을 섬겨라.

「태양 형제의 노래」中[1]

성 프란치스코 이야기를 다룬 책들은 많다. 짧은 책에서 많은 내용을 다루기란 어렵기에 이 책은 프란치스코의 기도와 행동에 주목해 그의 삶을 살펴보고자 한다. 이 책의 목적은 성인의 체험을 바탕으로 우리 자신을 돌아보고, 우리 삶에 도전을 던지는 것이다. 각 장이 끝나는 부분에는 독자를 위한 질문을 마련했다. 이 질문은 소그룹 토론이나 스터디

모임 등을 할 때 유용하게 활용할 수 있을 것이다.

처음 세 장은 인간 프란치스코, 곧 그의 삶과 기도에 초점을 둔다. 4장에서는 오늘날 프란치스코의 삶을 따르려는 사람들이 성인이 보여준 모습을 어떻게 자신의 삶에 담아내고 있는지 살핀다. 마지막 5장에서는 프란치스칸 기도와 실천이 우리에게 던지는 도전을 성찰하겠다.*

---

* 프란치스칸은 프란치스코회 일원과 성 프란치스코의 수도 규칙을 따르는 이들을 총칭하는 말이다.

형제들이여, 하느님의 겸손을 보십시오.

그리고 "그분 앞에 여러분의 마음을 쏟으십시오".

그분이 여러분을 높여 주시도록

여러분도 겸손해지십시오.

그러므로 여러분에게 당신 자신 전부를 바치시는 분께서

여러분 전부를 받으실 수 있도록

여러분의 것 그 아무것도

여러분에게 남겨 두지 마십시오.

형제회에 보낸 편지 中

프란치스코의 개인적인 은사는 거룩한 복음의 길을

온 영혼을 바쳐 살 것을 제창한 데에 있다.

프란치스코에게 있어서 복음은 곧 그리스도이며

그리스도는 구체적인 역사적 조건,

곧 '가난' 안에 나타난 복음의 표적이다.

- 레오나르도 보프

01

—

아씨시 프란치스코의 생애

이 장에서는 프란치스코의 생애를 살핀다. 특히 기도와 활동을 통해 그의 삶에서 중요한 전환점이 된 순간들에 주목해 본다.[2]

프란치스코 베르나르도네Francesco Bernardone는 1181년 이탈리아 반도 움브리아 지방에 있는 아씨시Assisi에서 태어나 성당에서 운영하는 학교에서 교육을 받았다. 그의 아버지는 옷감 장사를 하는 부유한 상인이었다. 어린 프란치스코는 부족함을 모르고 자랐다. 십 대 시절 그는 사람들과 어울리기 좋아했고 사치스런 생활을 즐겼으며 돈을 쓰는 데 주저함이 없었다. 아버지가 가진 최고급 옷감으로 만든 옷을 입고 다녔고 아씨시에 사는 또래 친구들의 인기를 한몸에 받으며 그들과 어울려 지냈다.

　프란치스코가 이십 대 초반이 되었을 무렵 상황은 변하기 시작했다. 아씨시 가까이에 페루자Perugia라는 도시가 있었는데 당시 아씨시와 페루자는 팽팽하게 대립하고 있었다. 어느 날 두 도시 사이에 싸움이 일어났고, 스물한 살의 프란치스코는 이 싸움에 가담했다가 그만 포로가 되어 페루자로 끌려가 일 년 동안 감옥살이를 했다. 일 년이 지난 후 감옥에서 풀려난 그는 불의에 맞서 싸우고자 하는 열망에 불타 기사가 되었다. 1205년, 포로 생활을 하며 얻었던 병에서 회복되자, 그는 교황을 위해 싸우려고 떠나는 군대에 지원했다. 로마로 가는 첫날 밤, 아씨시에서 얼마 떨어지지 않은 스폴레토Spoleto에 군대가 주둔했을 때 프란치스코는 하느님을 만났다. 어떤 목소리가 그에게 아씨시로 돌아가라고 명령했고 그는 다음날 곧바로 군대를 떠나 고향으로 향했다. 이 만남은 그의 삶에서 세 번 있었던 하느님 체험 가운데 첫 번째였다. 그러나 당시 프란치스코는 이 체험이 무엇을 의미하는지 깨닫지 못했다. 일상으로 돌아가 그는 동료들과 예전처럼 어울렸다.

　며칠 뒤 프란치스코는 두 번째로 하느님을 체험했다. 친구들과 광란의 저녁을 보내고 아씨시 마을을 가로질러 걸어 갈 때였다. 그는 일종의 무아지경에 빠졌다. 사람들은 그에게 무슨 일이 있었느냐고 물어봤지만 그는 대답하지 못했다. 이 일이 일어난 뒤 그는 더는 친구들과 어울리지 않았고, 대부분 시간을 사람들로부터 물러나 침묵하고 기도하는 데 할애했다. 나아가 그는 지역에 있는 가난한 사람들에게 음식과 돈을 가져다주기 시작했다. 나병에 걸린 사람도 만났다. 말년에 그는 이 만남이 자신의 삶에서 하나의 전환이었다고 고백했다.

회심하기 전까지 프란치스코는 당대에 살던 여느 사람들과 마찬가지로 나병 환자들을 꺼리고 혐오했으며 그들과 접촉하려 하지 않았다. 당시 나병 환자들은 마을 어귀 격리된 집에서 어떤 보살핌도 없이 살아갔다. 어느 날 아씨시로 말을 타고 가던 중에 프란치스코는 나병에 걸린 사람을 만났다. 예전 같았다면 곧장 지나쳐 갔겠지만, 가난에 대한 생각이 바뀌어서 그랬던 것일까. 그는 그 사람의 손에 입을 맞추고 돈을 쥐어 보냈다. 며칠 후 그는 나병 환자들이 모여 살던 집으로 찾아갔다. 그는 한 사람 한 사람의 손에 입을 맞추었다. 나중에 프란치스코와 그의 형제들은 모두 함께 나병 환자들을 돌보았다.

아씨시 외곽에 무너진 채로 있던 작은 산 다미아노$_{San}$ $_{Damiano}$ 성당에서 프란치스코는 세 번째로 하느님을 만났다. 그 성당은 그가 고요한 시간을 보내고자 할 때 들르던 장소였다. 아씨시 외곽에 있던 이 허물어져 가는 성당 안에서 그는 십자가상을 앞에 두고, 하느님의 인도를 구하며 침묵으로 기도했다. 그때 한 목소리가 들려왔다. 분명 십자가에서 들려오는 목소리였다. 그 목소리는 프란치스코를 향해 말했다. "프란치스코야, 내 집이 무너진 것을 보고 있지 않으냐? 가서 나를 위해 이 집을 수리하여라." 프란치스코는 하느님께서 내리신 분명한 명령에 기뻐하며 곧바로 성당을 수리했다.

프란치스코는 아버지 가게에 있던 옷감을 가져다 팔아 그 돈을 산 다미아노 성당의 사제에게 주었다. 하지만 프란치스코의 아버지를 알고 있던 사제는 그 돈을 사양했다. 과연, 베르나르도네는 격분하여 아들을 찾아다녔고 프란치스코는 몸을 숨겨야만 했다. 한 달 만에 모습을 드러낸 그는 성당을 수리하기 위한 자재와 음식을 마련하기 위해 동냥을 다녔다. 마을의 모든 사람이 그를 비웃었다. 그의 아버지는 더욱 화가 치밀어 프란치스코를 마을 광장으로 데려가 주교 앞에 세웠다. 주교는 프란치스코에게 아버지에게서 가져간 재산을 모두 내놓으라고 했다. 그러자 그는 입고 있던 옷을 모두 벗어 던지고, 이제부터 자신의 참된 아버지는 오직 하늘에 계신 분이라고 주장하는 것으로 대답을 대신했다.

모두가 보는 앞에서 강력하게 항의한 뒤, 프란치스코는 얼마간 아씨시를 떠났다가 다시 돌아와 동냥하러 다니면서 마을에 있는 성당들을 짓기 시작했다. 이 무렵에도 앞으로 무엇을 해야 할지 그는 확신하지 못했다. 확신을 하게 된 것은 1208년 성 마티아 사도 축일이었다. 그 날 미사를 드리던 중 프란치스코에게 하느님께서 다시금 찾아오셨다. 마태오의 복음서에 있는, 제자들을 파견하시며 복음을 선포하라던 말씀이 그의 귀에 들려왔다.

전대에 금이나 동전을 넣어다니고 다니지 말 것이며 식량 자루나 여벌 옷이나 신이나 지팡이도 가지고 다니지 마라. 일하는 사람은 자기 먹을 것을 얻을 자격이 있다.

(마태 10:9-10)

프란치스코는 분명한 하느님의 음성을 듣고 크게 기뻐했다. 미사가 끝나자마자 그는 곧바로 겉옷을 벗어 버리고 지팡이도 내버린 뒤 길을 떠났다. 그는 설교와 치유를 하되 자기 자신을 위해서는 아무것도 마련하지 말라는 복음의 명령을 문자 그대로 따랐다. 이 복종은 그의 삶을 완전히 뒤바꿔 놓았다. 그리고 이 복종에서 프란치스코의 활동과 우리가 알고 있는 프란치스칸 이야기가 시작된다.

프란치스코는 동냥과 성당 수리하기를 계속했다. 곁에는 아무도 없었다. 친구들과 가족 대부분이 그를 별난 사람으로 여겼고 창피하다고 생각해 무시했다. 얼마 뒤, 몇몇 사람이 그를 찾아왔다. 프란치스코 수도회는 아주 우연한 계기로 시작되었다.

아씨시에서 가장 부유한 귀족이었던 퀸타발레의 베르나르도Bernard of Quintavelle는 프란치스코를 시험하고자 그를 자신의 집에 초대해 머물도록 하고는 밤새 그의 행동을 몰래 지켜보았다. 모든 사람이 잠이 들었다고 생각하자, 프란치스코는 일어나 눈물을 흘리며 되뇌었다. "나의 하느님, 나의 전부시여!" 그 모습을 본 베르나르도는 크게 감격하여 프란치스코를 따르는 첫 번째 사람이 되었다.

프란치스코와 그를 따르던 사람들은 재산을 갖지 않았고 소박하게 생활했다. 그들은 함께 기도했으며 때로는 노상에서 몇몇씩 모여 설교하고 복음을 전했다. 프란치스코는 이들을 위해 많은 부분 성서 구절들로 이루어진 '생활 양식'Rule of

Life을 집필했고 교황의 승인을 얻었다.

프란치스코를 따르는 사람들은 점차 늘어났다. '작은 형제회'OFM: Ordo Fratrum Minorum라 불리게 된 이들은 유럽 각지에 자리를 잡았다. 1212년에는 클라라라는 이름의 마을 소녀가 프란치스코를 따라나섰다. 이 소녀가 훗날 '가난한 클라라회'Poor Clares, 곧 2회Second Order를 창립한 클라라 성녀이다. 한편 생업이나 가정을 떠날 수 없었던 이들은 프란치스코가 쓴 소박한 회칙을 따라 생활했다. 이들은 후에 3회Third Order라고 불렸다.

초창기 형제들의 삶은 힘겨웠다. 형제들은 기도하고 성무일도를 바치며 노동으로 먹을 것을 마련했다. 일할 수 없을 때는 동냥으로 음식을 마련했다. 또한, 나병 환자들을 포함한 병자들을 돌보고 복음을 설교했다. 머물만한 변변한 집도 없어 생선 한 바구니를 집세로 내고 아씨시 근처에 있는 허름한 오두막에 살았다. 규칙적인 금식을 비롯한 가난의 규칙은 유럽 각지로 떠난 선교 여행에서도 예외 없이 적용되었다.

해마다 한 번씩 모든 형제는 총회를 위해 모였다. 어느해, 총회가 끝난 뒤 프란치스코는 이슬람 교도를 그리스도교로 개종시키기 위해 길을 나섰다. 몇 번의 실패에도 굴하지 않고 떠난 선교 여정이었다. 그는 한 사람만을 데리고 이집트 북부에 있는 위험천만한 십자군 전선을 가로질러 술탄과 대면했다. 물론 술탄의 신앙을 바꾸기는 어려웠다.

1217년경 형제들의 수는 5,000명이 넘는 것으로 집계되었다. 점차 규모가 커지면서 수도회는 조직화하였다. 초창기에는 프란치스코 자신이 모든 결정을 내렸으나 1220년 그는 한 사람의 봉사자minister로 물러났다. 다른 사람이 총봉사자minister general의 자리에 오름에 따라 수도회는 점차 뜻이 맞는 사람들의 작은 모임에서 국제적인 규모의 수도회로 변화했다. 형제들은 소박한 거처를 사거나 빌렸고 지원자들은 수도자가 되기 위한 1년간의 수련 기간을 거쳤다. 이들은 책과 한 켤레의 신발, 한 벌 이상의 수도복을 소유할 수 있었다. 이는 규칙서에 명시되어 있었는데 프란치스코는 이후 1221년 보다 상세한 규칙서를 작성했고 1223년 이를 다시 한 번 고쳤다.

프란치스코는 형제들에게 궁핍한 형편에도 불구하고 언제나 기뻐하고 영적으로 즐거워하라고 가르쳤다. 하지만 그는 종종 자신과 다른 사람들의 죄를 생각하며 눈물을 흘렸다. 잦은 여행과 기도, 설교, 금식, 빈약한 식사 등으로 그는 지쳐갔다. 설교와 규칙적인 기도를 병행하는 것이 쉬운 일이 아님을 그는 이내 깨달았다. 걷고 설교하며 사람들을 돕고 종종 기도로 밤을 새우던 프란치스코는 극심한 피로에 시달렸다. 복음을 전파하는 설교자로서 행동하는 삶을 살 것인지, 은둔 수도자로서 기도하는 삶을 살 것인지 선택할 필요가 있었다. 프란치스코는 클라라와 실베스테르Sylvester 형제에게 조언을 구했고 그들은 한 목소리로 프란치스코가 설교자의 삶을 살아야 한다고 대답했다. 프란치스코는 곧바로 그들의 조언을 받아들여 길을 떠났다. 1213년 설교 여행 중에, 어느 귀족이 프란치스코에게 크게 감명을 받고 형제들에게 라 베르나La Verna라고 불리는 산을 내놓았다. 어떤 선물도 사양하던 프란치스코였지만, 이 제안만은 받아들였다. 이후 그곳은 형제들을 위한 피정과 침묵 기도의 자리가 되었다.

세상을 떠나기 전 프란치스코는 외딴곳, 특히 아씨시에서 멀리 떨어진 라 베르나 산에서 많은 시간을 보냈다. 1224년 라 베르나 산에서 기도하던 중 프란치스코는 손과 발, 옆구리 다섯 군데에 성흔stigmata을 받았다. 십자가에 못 박힌 예수 그리스도의 것과 같은 것이었다. 병들어 클라라에게 의탁하던 1225년에는 산 다미아노에서 「태양 형제의 노래」Canticum fratris solis를 썼다. 이 노래는 2장에서 다시 살펴보겠다.

생애 마지막 2년 동안 아씨시에 있는 여러 의사가 병약해진 프란치스코를 치료하고자 했으나 소용이 없었다. 1226년 10월 아씨시 근처 형제들이 사는 오두막에서 그는 자진하여 진흙 바닥에 알몸으로 누운 채 숨을 거두었다. 그렇게 그는 가난의 서원을 마지막까지 지켰다. 1228년 그는 성인으로 시성되었고 1230년 그의 유해는 아씨시에 새로 건축된 성당, 성 프란치스코 대성당Basilica San Francesco으로 옮겨졌다. 유해는 지금까지 그곳에 있다. 이후 아씨시는 세계적인 순례와 평화의 중심으로 자리매김했다. 오늘날 프란치스코 수도회는 빈곤하고 어려움을 겪고 있는 세계 곳곳의 많은 장소에 퍼져 있다.

성찰을 위한 질문:

당신의 삶에서 다시 일으켜 세워야 할 것은 무엇인가?

프란치스코의 일화들은 당신과 하느님의

관계를 살피는 데 어떤 도움이 되는가?

저희가 완전히 용서하지 못하는 것을,

주님, 저희가 완전히 용서하게 해 주소서.

당신 때문에 원수를 참으로 사랑하게 하시고,

저희가 아무에게도 악을 악으로 갚는 일이 없이

원수를 위하여 당신 앞에서 열심히 전구하게 하시며,

당신 안에서 모든 것에 도움이 되도록

힘쓰게 하기 위함이나이다.

'주님의 기도' 묵상 中

02

—

프란치스코와 기도

프란치스코가 전 생애에 걸쳐 하느님께 드린 기도에서 우리는 다음 다섯 가지를 배울 수 있다. 성서와 함께하는 기도, 기도하는 방법, 기도가 일어나는 삶, 기도와 창조 세계, 끊임없는 기도. 이러한 다섯 가지 모습이 오늘날 우리에게 어떤 의미로 다가오는지는 마지막 4장과 5장에서 살펴보기로 하자. 일단 이번 장과 다음 장에서는 후대 해석이 가로막지 않도록 프란치스코가 기도에 관해 실제로 이야기한 내용, 그리고 그와 동시대인이자 형제이기도 했던 토마스 첼라노Thomas Celano가 쓴 전기『아씨시 성 프란치스코의 생애』에 나온 내용을 살펴보겠다.[3]

성서와 함께하는 기도

프란치스코는 기도와 일생의 중심에 성서를 두었다. 그가 성서를 그토록 중요하게 여긴 까닭은 성서가 그리스도 안에서 하느님을 계시하기 때문이다.

우리는 그분의 말씀과 생애와 가르침과 그분의 거룩한 복음을 마음에 간직하도록 합시다. 그분께서는 당신 아버지께 우리를 위하여 청하시고, 아버지의 이름을 우리에게 분명히 알려주시면서 이렇게 말씀하십니다. 아버지, "아버지께서 저에게 주신 이 사람들에게 저는 아버지의 이름을 드러냈습니다." "아버지께서 저에게 주신 말씀을 제가 이들에게 주고, 이들은 또 그것을 받아들였기 때문입니다."[4]

그의 저작들과 기도, 전례문은 성서에 기초하여 쓰였다. 예를 들어 「주님의 수난 성무일도」Officium passionis Domini는 대체로 시편 구절들을 모아 집필되었고 「권고들」Admonitiones은 광범위하게 성서, 특히 복음서를 인용하였다. 초기 프란치스코회 형제들의 삶을 규정한, 프란치스코가 집필하고 교황이 구두로 승인한 초기회칙은 본질적으로 성서 인용구 모음집이었다. 프란치스코는 복음서를 삶의 귀감으로 여겼다. 그는 말했다.

> 지극히 높으신 분께서 친히 나에게 거룩한 복음의 양식에 따라 살아야 할 것을 계시하셨습니다.[5]

프란치스코는 복음서를 문자 그대로 따르고자 했다. 그가 보여 준 철저한 순종의 자세에 관해서는 많은 이야기가 전해진다. 한 예로, 그는 성서를 펼쳤을 때 처음 눈에 들어오는 구절을 자신에게 주시는 하느님의 말씀으로 여기곤 했다.

> (그는) 앞으로 무슨 일을 해야 마땅한가를 책을 펴자마자 보여 주십사고 겸손하게 기도드렸다. … 그는 기도를 마치고 겸허해진 정신과 뉘우치는 마음, 그리고 주님의 거룩한 십자 성호로 자신을 완전히 무장하고 일어나, 제대에서 성서를 들어 경외심을 가지고 펼쳤다.[6]

프란치스코는 글로 쓰인 말씀이 하느님의 권능을 담고 있다고 생각했으며 복음서를 공경했다.

나의 모든 형제에게 권고하며 그리스도 안에서 격려합니다. 어디서든지 글로 쓰인 하느님의 말씀을 발견하게 되면, 할 수 있는 대로 경의를 표하십시오. 그리고 그것들이 잘 간수되어 있지 않거나 혹은 아무렇게나 흩어져 있으면, 형제들에게 관련되어 있는 한 "그 말씀을 하신" 주님을 말씀 안에서 공경하는 마음으로 주워 모아 제자리에 놓도록 하십시오. 사실, 많은 것이 하느님의 말씀을 통하여 거룩해지며, 제단의 성사가 그리스도의 말씀의 힘으로 이루어지기 때문입니다.[7]

프란치스코는 "주 하느님의 지극히 영광스러운 이름이 같이 섞여 있기 때문"에 기록된 말씀을 주워 모으곤 했다.[8] 또 신학자와 사제, 곧 "지극히 거룩하신 하느님의 말씀을 전해 주는 사람들을 영과 생명을 전하는 사람들로 공경하고 존경해야" 한다고 형제들에게 권고했다.[9]

기도하는 방법

프란치스코는 기도하는 방법을 직접 조언하지는 않았다. 그러나 「신자들에게 보낸 편지 2」Epistulae ad fideles II에 짧게 언급된 한 단락은 기도하는 방법을 살피는 데 도움을 준다.[10]

이 단락에서 프란치스코는 자신을 따르는 이들에게 하느님을 흠숭하고 찬미하며 주님의 기도를 바치고 영성체를 하며 사제에게 죄를 고백하고 단식하라고 권한다. 또 존경하는 마음을 갖고 성당을 방문하도록 권하고 있다.

흠숭adoration과 찬미praise는 감사와 함께 프란치스코 기도의 중심을 이루는 요소다. 그의 글들은 하느님을 향한 흠숭과 찬미, 그리고 이를 권고하는 문구로 가득하다.

전능하시고 지극히 거룩하시고 지극히 높으시며 으뜸이신 하느님, 모든 선이시고 으뜸선이시고 온전한 선이시며, 홀로 선하신 당신께, 모든 찬미와 모든 영광과 모든 감사와 모든 영예와 모든 찬양과 그리고 모든 좋은 것을 돌려드리나이다. 그대로 이루어지소서. 그대로 이루어지소서. 아멘.[11]

주 예수 그리스도님, 저희는 전 세계에 있는 당신의 모든 성당에서 당신을 흠숭하며, 당신의 거룩한 십자가로 세상을 구속하셨기에 당신을 찬양하나이다.[12]

곧이어 살펴볼 항상 기도하는 일, 그리고 흠숭에 더하여 프란치스코는 형제들에게 주님의 기도를 사용하도록 했다.

"여러분은 기도할 때 주님의 기도를 외시오."[13] 이는 프란치스코가 그리스도의 가르침을 말과 행동으로 옮기려 했던 많은 예 가운데 하나였다.

> 예배하는 모든 사람은 진리의 영 안에서 그분께 예배를 드려야 합니다. 따라서 "하늘에 계신 우리 아버지"를 바치면서 그분께 밤낮으로 찬미와 기도를 드립시다.[14]

훗날 그는 형제들을 위해 「'주님의 기도' 묵상」Expositio in Pater Noster이라 불리는 주님의 기도 주석을 집필했다.[15] 이것은 아마도 프란치스코가 형제들에게 어떻게 기도해야 하는지를 알려주는, 가장 직접적인 방식을 취한 글일 것이다. 그러나 이 주석은 기도에 대한 상세한 가르침이라기보다는 긴 묵상집에 가깝다.

프란치스코는 자신을 따르는 이들에게 열정과 겸손, 존경을 가지고 매일 미사에 참석하라고 말했다. 수도회 초창기에는 사제 수가 많지 않았으므로 형제들은 지역 성당을 찾아 미사를 드렸다. 프란치스코는 항상 큰 존경심을 가지고 성사에 임했다. 예수는 당신을 낮추시어 "하찮은 빵의 형상 안에" 모습을 숨기시고,[16] "당신을 믿는 이들과 함께 항상" 계시기

때문이다.[17]

프란치스코는 참회와 고해, 단식 또한 중요하게 여겼다. 참회는 수도회 회칙 가운데 하나였다. 프란치스코는 종종 자신의 죄를 참회한 뒤 성찬례에 참여했다. 그는 고해성사를 언급하는 한편 자주 단식했다. 그는 "단식해야 하고 악습과 죄를 끊어 버려야 하며 과도한 음식과 음료를 삼가야" 할 것이라고 형제들에게 권고했다.[18] 형제들은 매주 금요일과 모든 성인의 축일부터 성탄 축일까지, 공현 축일부터 부활 축일까지 단식해야 했다.[19]

프란치스코는 성당을 성사에 쓰이는 빵과 포도주의 집으로, "귀중한 장소"로 공경했다.[20] 토마스 첼라노는 프란치스코가 버려진 성당에서 기도하며 밤을 지새웠고,[21] 형제들은 성당을 볼 때마다 성당을 향해 엎드려 절하며 하느님께 기도했다고 전한다.[22]

기도가 일어나는 삶

비록 프란치스코가 기도하는 방법을 구체적으로 언급하지 않았다 하더라도 우리는 그의 삶과 저작들을 통해 성인과 그를 따르는 이들이 어떻게 자신들의 삶 가운데 기도가 일어나게 했는지 많은 것을 알 수 있다.

첫 번째로, 프란치스코는 고독의 시간을 규칙적으로 추구하며 기도에 힘썼다.

> 시간을 쪼개어 … 일부 시간은 가까운 이웃에게 선행을 하고, 나머지는 들어앉아 복된 관상에 바치곤 하는 것이 그의 습관이었다.[23]

두 번째로, 그는 때로 "예수님", "주님, 죄인인 저에게 자비 베푸소서"와 같은 단순한 말을 반복하며 집중을 방해하는 것들에 맞섰다. 고독의 시간 동안 그의 동료들은 "사람들의 침입과 방해에서 그를 지켜 줄 수 있었으며 … 그의 고요한 시간을 존중하고 보존케 할 수 있었다".[24]

세 번째로, 프란치스코는 교회의 전례에 커다란 존경심을 갖고 있었다. 프란치스코와 그를 따르던 이들은 종일 규칙적인 예배, 즉 성무일도를 바쳤다. 매일 반복되는 기도의 리듬이 그들의 삶을 규정했고 여기에 개인 기도가 덧붙여졌다. 모든 것은 언제나 기도를 한다는 맥락 안에 있었다. 그들은 그리스도를 향해 끊임없이 예배했고 그리스도를 사랑하는데 전념했다.

성직형제나 평형제 모두는 정해진 대로 성무일도와 찬미의 기도들과 다른 기도들을 바칠 것입니다. 성직형제들은 성직자들의 관례를 따라 성무일도를 바치고 산 이들과 죽은 이들을 위하여 기도할 것입니다.[25]

해가 진 다음, 바로 그 날의 끝기도를 늘 바칠 것이고, 침묵을 유지하도록 힘쓸 것이며, 시간경을 바치고, 밤 기도 시간에 일어날 것이며, … 그리고 적절한 시간에 일시경을 바칠 것이고, 삼시경을 바친 후 침묵을 풀고 이야기할 수 있으며, … 그 다음에 육시경과 구시경을 바치고 적절한 시간에 저녁기도를 바칠 것입니다.[26]

프란치스코는 「은수처를 위한 규칙」Regula pro eremitoriis data을 통해 기도와 실천에 관한 매우 구체적인 모델을 제시했다.[27] 그는 회칙을 통해 고독을 함께 나눌 수 있도록 틀을 개략적으로 만들었다. 네 형제가 함께 살아가는데, 두 명은 '마르타' 혹은 '어머니'의 역할을 하고, 나머지 두 명은 '마리아' 혹은 '아들'의 역할을 맡는다. '어머니'들은 두 '아들'들을 돌보고 다른 사람의 방해에서 그들의 침묵을 지켜주는 실천적인 역할을 한다. 한편 '아들'들은 그러한 보호 아래 기도하며 시간을 보낸다. 이들 넷은 함께 성무일도를 바치고 식사를 한다. 이들은 정기적으로 서로의 역할을 바꾸어가며 실천하는 역할과 기도하는 역할을 한다.

이러한 생활과 기도는 개인의 기도를 공동체의 맥락 위에 놓았다. '어머니' 역할을 하는 이들에게는 '아들' 역할을 맡은 이들을 사랑하며 섬길 기회를 부여했다. 은수처에서 이루어진 형제들의 상호 돌봄과 보살핌은 더욱 활동적인 삶을 기도의 삶과 일치시킬 수 있게 하였다. 이는 프란치스칸 삶의 고유한 양식이다.

말년에 이르자 프란치스코는 더 오랜 시간을 홀로 보냈다.

프란치스코는 대략 40일에 세 번 내지는 다섯 번의 주기로, 대개는 형제들 가운데 한 명과 함께 고독 속에서 기도에 전념하곤 했다. 1년 중 4개월에서 7개월에 이르는 기간을 은둔하는 관상의 삶으로 보낸 것이다. 대개 은수처에서 보내는 이러한 삶의 방식은 초기 프란치스칸 영성 관행의 독특한 특징이었다.[28]

이렇듯 규칙적이지만 항구적이지는 않은, 기도로 충만한 고독은 프란치스칸 공동체 생활의 일반적인 부분이었다.

기도와 창조세계

프란치스코와 창조세계에 관련된 증언은 대개 프란치스코 자신의 말보다 프란치스코를 다룬 글에서 찾을 수 있다. 주목할 만한 예외는 프란치스코의 가장 유명한 역작인 「태양 형제의 노래」다. 프란치스코는 이 작품을 성흔을 받은 지 여섯 달에서 아홉 달이 흘렀을 무렵, 병환 중에 있던 말년에 완성했다. 이 노래는 해와 달, 별, 공기, 물, 불과 흙을 통해 하느님과 모든 창조세계를 찬미한다.

내 주님, 당신의 모든 피조물과 더불어 찬미받으시옵고.[29]

프란치스코는 말년에 죽음 자매를 다룬 두 연을 덧붙였다. 그는 죽음을 하느님의 임재에 관한 또 하나의 표현으로 보았다. 이 작품에서 프란치스코는 새로운 창조세계에 대한 자신의 비전을 노래한다. 이 노래에서 모든 피조물은 하느님의 자기 계시를 통해 하느님의 존재를 찬미하는 조화로운 찬양으로 변모한다.

내 주님을 찬미하고 찬양들 하여라.[30]

이 위대한 찬미의 기도를 통해 프란치스코는 모든 피조물이 하느님께 속하는 것이자 하느님의 형상이고, 하느님의 선물이며 또 자기 계시임을 보인다. 프란치스코와 창조세계, 피조물에 관한 일화들은 바로 이러한 비전으로 이해해야 한다. 「태양 형제의 노래」 마지막 절은 기도를 말과 행동 안에서 이루어지는 찬미로 요약한다. 기도는 섬김을 통해 찬미와 감사를 표현하는 것이다. 그러한 기도와 행동을 통해 하느님이 주시는 선한 것들이 하느님께 되돌려진다.[31] 동물과 꽃에게 설교하는 것과 같은 피조물에 대한 기도로 충만한 프란치스코 행동의 사례는 다음 장에서 살펴본다.

끊임없는 기도

모든 피조물이 하느님께 속한 거룩한 것이라고 보는 프란치스코의 비전은 형제들에게 끊임없이 기도하라고 권고한다.

우리는 언제나 기도하고 낙심하지 말아야 하기에.[32]

루가의 복음서 18:1에 기초한 이 구절은 "모든 이에게 매시간 그리고 종이 울릴 때 온 세상에 있는 모든 사람이 늘 전능하신 하느님께 찬미와 감사를 드려야" 한다는 프란치스코의 생각을 전형적으로 보여준다.[33] 그는 말했다.

> 하느님의 종들은 언제나 기도나 어떤 좋은 일에 열중해야 합니다.[34]

사람들이 그를 방해할 때는 그러한 방해마저 기도의 일부로 삼았다.

> 모든 시간과 모든 때에, … 지극히 높으시고 지존하시고 영원하신 하느님을 … 진실하고 겸손히 믿고, 마음에 모시고, 사랑하고, 공경하고, 흠숭하고, 섬기고, 찬미하고 찬양하며, 영광을 드리고, 드높이고, 찬송하고 감사드립시다.[35]

그는 종종 고요한 장소를 찾아 온 마음을 하느님께 집중했다. 기도는 그에게 가장 안전한 피난처였다. 걸을 때나 앉아 있을 때나, 먹을 때나 마실 때나, 그는 기도에 몰두했다.[36] 그러나 적절한 순간이 찾아왔을 때 그는 결코 이웃의 문제를 외면하거나 그들의 구원에 관심 가지기를 주저하지 않았다.

프란치스코는 기도가 성령의 활동으로서, 그 안에서 모든 행동이 일어난다고 생각했다. 프란치스코가 기도를 가장 중요하게 여겼다는 사실은 다음과 같은 일화에서도 엿볼 수 있다.

어느 날 형제들이 파도바의 안토니오Anthony of Padua에게 가르침을 구했다. 안토니오는 프란치스코에게 편지를 보내 자신이 형제들을 가르치는 일을 맡아도 될지 물었다. 프란치스코는 답했다. "안토니오 형제에게 프란치스코 형제가 인사합니다. 수도규칙에 담겨 있는 대로, 신학 연구로 기도와 헌신의 영을 끄지 않으면, 그대가 형제들에게 신학을 가르치는 일은 나의 마음에 듭니다."[37]

프란치스코는 신학을 가르치고 연구하는 일을 끊임없는 기도 가운데 굳건하게 두었다. 앞서 말했듯 그는 우리에게 어떻게 기도해야 하는지 직접 알려주지는 않았다. 다만 그는 언제나 존재하는 모든 것 안에서 기도가 되는 것, 기도를 살아내는 것을 스스로 하나의 모범이 되어 보여주었다. 그는 모든 것 안에 하느님이 계시다는 사실, 그리고 모든 피조물이 거룩하다는 사실을 알았다. 이러한 깨달음이 그의 기도와 삶의 양식을 빚어냈다.

성찰을 위한 질문:

당신은 프란치스코를 따라 더욱 성장하기를 바라는가?

그러기를 바란다면 하느님께 어떤 도움을 구하고 싶은가?

프란치스코에게 모든 피조물은 하느님께 속한 거룩한

것이자 기도로 가득한 것이었다. 당신은 어떻게 생각하는가?

03

—

삶 가운데 살아있는 기도

앞 장에서 우리는 프란치스코가 기도에 얼마나 큰 의미를 두었는지 살펴보았다. 프란치스코는 매 순간 기도하는 것을 중요하게 여겼다. 그에게 모든 행동은 기도였고, 모든 피조물은 하느님의 형상이자 선물이며 계시였다. 프란치스코의 기도를 이해하기 위해서는 그의 행동 또한 살펴보아야 한다. 성인의 기도는 언제나 행동으로 이어졌기 때문이다. 프란치스코의 행동은 모두 기도의 결과라고 보아도 무방할 정도로 기도와 행동은 밀접한 관련을 맺고 있다. 이 장에서는 프란치스코가 기도의 결과로 일구어낸 행동을 살펴보고자 한다. 우선 프란치스코의 기도와 직접 관련이 있다고 기록된 행동의 세 가지 측면 곧 설교, 하느님과 모든 창조세계를 향한 사랑, 하느님의 평화 선포에 관해 살펴본다. 다음으로는 그의 글에 직접 드러나 있지는 않지만, 기도와 뚜렷한 관련을 보이는 행동을 살펴보겠다.

설교

수도회 초창기부터 프란치스코와 형제들은 설교를 중시했다. 토마스 첼라노는 프란치스코가 산 다미아노 성당과 포르치운쿨라Portiuncula 성당을 다시 짓고 나자마자 설교를 했다고 기록했다. 그는 먼저 기도한 다음 사람들을 만나 그들에게 하느님을 전했다. 설교하고 복음을 전하며 기도할 시간을 찾기 위해, 그는 예수의 모범을 따라 종일 걷고 설교한 뒤 종종 밤을 새워 기도했다. 사람들은 프란치스코를 행복과 기쁨의 소식을 전하는 사자로 생각했지만, 설교 가운데 행동으로 이어지는 그의 기도는 때로 타협할 줄 모르는 단호함을 보여주기도 했다.

자기 자신의 재능을 믿지 않았으며 일이 있을 때마다, 거룩한 기도에 호소하였던 성 프란치스코는 자기 자신을 위해서

사는 것이 아니라 모든 이를 위해서 죽으신 그분을 위해서 살려고 했으니, 악마가 채가려고 하는 영혼들을 하느님 편에 서서 구하기 위해서 자기가 파견되었음을 알고 있었기 때문이다. 이리하여 프란치스코는 그리스도의 가장 용감한 기사로서 도시와 마을을 두루 돌아다니면서 인간적 지혜에서 나오는 그럴듯한 말로써가 아니라 성령께서 주시는 지식과 힘으로써 하느님 나라를 선포하였고 평화를 설교하였으며 죄를 없애기 위하여 구원과 회개를 가르쳤다. 그는 … 결코 간교한 말투라든가 유혹적으로 아첨하는 말 따위는 사용치 않았다. 그는 남이 잘못할 때 아첨할 줄을 몰랐으며 다만 그 나쁜 점들을 질타하였다. 또한 그는 죄인의 생활을 방치하지 않았으며 예리하게 꾸짖어 그들을 엄하게 대했다. … 그는 비난하는 자들을 두려워하지 않고 옳은 것을 매우 신념 있게 말함으로써 가장 유식한 사람들이나 권세와 영광을 누리는 사람들도 그의 설교에 놀랐고, 성인 앞에서는 경외심으로 감명을 받았다. … 하느님의 거룩한 사람을 만나 뵙고 말씀을 듣기 위하여 사내들도 달려갔고 아낙들도 달려갔으며, 성직자들도 서둘렀고 수도자도 지체하지 않았다. 남녀노소를 막론하고 주님께서 당신 종을 통하여 이 세상에서 새롭게 일하시는 놀라운 일들을 보기 위하여 서둘렀다.[38]

프란치스코는 형제들에게 권면했다.

그분께 드려야 할 찬미에 있어 모든 이에게 매 시간마다 그리고 종이 울릴 때 온 세상에 있는 모든 사람이 늘 전능하신 하느님께 찬미와 감사를 드려야 함을 알려 주고 가르치십시오.[39]

형제들에게는 하느님에 대한 찬미를 사람들에게, 거리에 나아가 "자치 단체장들과 의원들과 관리들에게" 선포할 사명이 있었다.[40] 프란치스코는 말했다.

설교할 때 그들의 말은 백성들에게 유익하며 감화를 줄 수 있도록 숙고되고 순수해야 합니다. 또한, 설교자들은 간결한 설교로 그들에게 악습과 덕행, 벌과 영광을 선포할 것이니, 이는 주님께서 이 세상에서 간결하게 말씀을 사셨기 때문입니다.[41]

하느님과 모든 피조물에 대한 사랑

2장에서 살펴본 것처럼 하느님을 향한 프란치스코의 고

양된 사랑은 위대한 기도 「태양 형제의 노래」에 나타난, 모든 피조물을 향한 고양된 사랑으로 이어졌다. 프란치스코는 야외에서 오랜 시간을 보냈다. 그는 친근한 이탈리아 북부 시골 정경을 보며 만물이 하느님의 창조활동 안에 있다는 점을 깨달았다. 모든 동물은 하느님의 것이었고, 따라서 선한 것이었으며 자연히 인간과 형제자매이기도 했다. 깨달음을 얻자 프란치스코는 크게 기뻐했고 이러한 믿음에 터하여 여러 행동으로 하느님을 찬미했다.[42] 그는 특히 어린 양과 같이 "하느님의 아들과의 유사성이 비유적으로 발견되는 것"에서 눈길을 뗄 수 없었다.[43] 이와 관련해서는 여러 일화가 전해진다.

프란치스코는 새들을 보자 길에다 동료들을 놓아둔 채 새들에게 달려갔다. 그가 새들에게 아주 가까이 갔을 때 새들이 그를 기다리고 있었다는 것을 알아차리고 흔히 그가 하던 식으로 인사를 하였다. 그러자 프란치스코는 새들의 머리와 몸을 스치며 그들 한가운데를 오가면서 강복한 다음, 다른 곳으로 날아가도 좋다는 허락을 내렸다.[44]

한 떼의 제비들이 시끄럽게 재잘거리며 그곳에다 둥지를 틀었다. 제비들이 재잘대는 바람에 복되신 프란치스코가 하는 말이 사람들에게 들리지 않자 그가 새들에게 말하였다. … 그 새들은 … 즉시 침묵에 들어갔고 설교가 끝날 때까지 자기 자리에서 움직이지 않았다.[45]

프란치스코는 추운 날씨 때문에 빌려 입은 값비싼 망토를 장에서 팔려 잡히게 될 두 마리의 어린 양과 바꾸었다.[46]

프란치스코는 구더기를 길에서 집어 들고, 행인들의 발에 밟힐까 봐 안전한 곳에다 옮겨 주었다.[47]

꽃의 아름다움은 더없이 큰 기쁨을 프란치스코의 마음에 부어넣었다. 그는 꽃무리를 보게 되면 꽃에게 … 설교를 하였고 주님을 찬미하도록 권하였다.[48]

이러한 일화들은 모두 피조물과 환경 보존에 관한 프란치스칸 접근의 밑바탕이 되었다. 이와 관련해서는 4장에서 살펴보도록 하겠다.

하느님의 평화를 선포하기

프란치스코는 하느님의 평화에 큰 관심을 가졌다.

그는 설교할 때마다 하느님의 말씀을 모든 사람에게 전하기 전에 항상 먼저 평화를 기원하였다. "주께서 여러분께 평화를 주시기를 기원합니다." 그는 만나는 모든 남녀 행인들에게도 언제나 먼저 평화를 전하였다. 이러한 까닭으로 해서 평화를 싫어하고 구원도 싫어했던 많은 사람이 하느님의 협력으로 마음 깊은 곳으로부터 평화를 간직하게 되어 평화의 자녀가 되었고 영원한 구원을 갈구하는 이가 되었다.[49]

하느님께서 프란치스코에게 계시하신 인사의 말, "주님께서 당신에게 평화를 내려주시기를 빕니다"는 데살로니카인들에게 보낸 둘째 편지 3:16에 근거하고 있다.[50] 프란치스코는 자신의 가까운 동료들부터 평화의 삶을 살기를 바랐다. 예를 들어, 그는 언제나 동료들을 "나의 형제"나 "나의 가장 사랑하는 형제"라고 불렀다. 형제처럼 여기는 그들을 향한 사랑의 표현이었다.[51] 또 「레오 형제에게 준 축복」Benedictio fratri Leoni data에서와같이 글 곳곳에서 평화를 언급했다("주님께서 형제에게 강복하시고 … 평화를 주시기를!").[52] 물론 수도회 안에서도 갈등은 존재했다. 그러나 그는 갈등이 일어날 때마다 형제들에게 언제나 사랑과 자비를 베풀라고 권면했다.[53]

평화는 현대 프란치스칸 운동에서 여러 가지 방식으로, 특히 화해와 정의의 문제와 관련되어 해석되었다.[54] 프란치스코는 골로사이인들에게 보낸 편지 1:20을 주해하며 평화를 하느님과 하늘나라가 그리스도 안에서 피조물과 지상, 그리고 모든 인류와 연합하고, 또 화해할 수 있게 하는 중요한 것으로 보았다. 그는 말했다.

그분 안에서 하늘과 땅에 있는 만물이 전능하신 하느님과 평화롭게 되었고, 화해하게 되었습니다.[55]

선교, 예언, 화해

프란치스코와 그를 따르던 이들은 초창기부터 설교를 하고 사람들을 하느님께 인도하기 위해 선교 여행을 다녔다.

같은 시기에 … 형제들의 숫자는 8명으로 증가하였다. 그때 복되신 프란치스코는 … 둘씩 네 무리로 나누고 난 다음 그들에게 말하였다. "자, 사랑하는 나의 형제들! 둘씩 짝지어 세상 곳곳으로 떠나십시오. 그리고 사람들에게 평화를 전하고 회개로 죄를 용서받도록 하십시오. … 질문하는 자들에게 겸손하게 대답하시고 여러분을 박해하는 자들을 축복하십시오."[56]

시간이 흐른 뒤, 그들은 한자리에 모여 기쁨 가운데 예배하고 경험을 나누었다. 프란치스코와 그를 따르던 이들에 관한 초기 기록에는 이처럼 여행을 떠나고, 설교를 하며, 돌아와서는 기도하고 공동체 안에서 소박한 삶을 살아가는 삶의 모습이 곳곳에 드러나 있다. 그러한 삶은 예언자적인 면모를 보여 주었고 사람들의 마음을 끌었다. 『제1생애』Vita prima는 성 프란치스코에게 예언의 영이 깃들어져 있어서 여러 나라 사람들이 형제회에 입회했다고 기록한다.[57]

일평생 사람들을 하느님께 인도하고자 열망했던 프란치스코는 그만큼 선교 여행을 다녀야 할 필요가 있다고 생각했다. 가장 잘 알려진 일화는 그가 이슬람 술탄을 개종시키려 한 일이다. 이 일화는 자신의 소명에 대해 철저히 응답하고자 한 그의 전형적인 태도를 보여준다.

프란치스코는 아프리카에 가고자 세 번 시도했다. "순교를 이룩하겠다는 불타는 열망" 때문에, 그리고 "술탄과 그의 사람들에게 그리스도의 복음을 설교"하려는 목적이었다. 그러나 첫 번째 시도에서는 날씨가 악화되어, 두 번째 시도에서는 병에 걸려 뜻을 이루지 못했다. 세 번째 시도에서는 다미에타(나일 강 하구의 이집트 도시)라는 곳에 도착했다. 십자군과 지역 군대 사이에 접전이 벌어지던 곳이었다. 프란치스코는 어떤 해도 입지 않고 전선을 가로질러 나아갔다.

자기 마음의 열렬하고도 거룩한 뜻이 이루어질 때까지 그는 편치 않았다. … 그가 시리아로 출발하였는데, 마침 그리스도교도와 이교도 사이에 매일같이 격렬한 싸움이 일곤 하던 때였다. 그래도 그는 동료 하나를 데리고 사라센의 술탄 앞에 두려움 없이 나타났다. … 술탄에게 가까이 가기도 전에 그의 병졸들에게 붙들려 창피를 당하고 매질을 당해도 그는 겁내지 않았다. … 비록 … 많은 사람에게 창피한 대우를 받았지만, 술탄에게서는 매우 영예로운 대우를 받았다. 술탄은 프란치스코에게 할 수 있는 한 최대의 예우를 했고 많은 선물을 주어 프란치스코의 마음을 세상의 부富에 기울도록 하려고 하였다. 그러나 프란치스코가 추상같은 마음으로 이 모든 것을 똥이나 다름없이 하찮게 여기는 것을 보았을 때, 그

는 프란치스코를 모든 사람과는 다른 사람으로 우러러보게
되었다. 그는 깊은 감동을 하게 되어 프란치스코의 말을 기
꺼이 경청하였다.[58]

프란치스코와 그의 동료는 큰 위험을 마주하였음에도 불구
하고 순교하지는 않았다. 술탄을 그리스도교로 개종시키는
데도 실패했다. 그러나 우리는 이 일화를 비폭력적이고 예언
자적인 방법으로 그리스도와 그리스도의 평화를 설교하고
전쟁 가운데 있는 국가들 사이에 평화와 화해를 이룩하고자
한 시도로 기억할 필요가 있다. 주목할 점은 이슬람 술탄이
순교를 각오한 이들에게 존경을 건넸다는 점이다. 어쩌면 술
탄은 프란치스코에게서 사도행전의 사도들에게 함께 했던,
적대적인 위정자들조차 복음에 귀를 기울이게 하는 영을 발
견했을지도 모른다. 그러한 영은 보기 드문 것이었고 깊은
인상을 남겼다.

사회적 행동

프란치스코는 나병 환자들을 돌보며 자신의 소명을 찾았
다. 나병 환자들을 돌보며 그는 부유한 청년에서 하느님의

말씀을 전하는 종이 되었다. 그때는 프란치스코와 함께하는 형제들이 없었다. 토마스 첼라노는 프란치스코가 죽음을 앞두고 쓴 「유언」을 인용하며 이 순간을 전한다.

(프란치스코는) 나병 환자들에게 가서 하느님을 위해 성의를 다하며 시중들면서 함께 살았다. 온갖 썩은 곳을 씻어 주며 상처와 고름도 깨끗이 닦아 주었으니, 자신의 유언에서 말한 대로였다. "내가 죄 중에 있었기에 나병환자들을 보는 것이 나에게는 너무나 역겨운 일이었습니다. 그런데 주님 친히 나를 그들에게 데리고 가셨고, 나는 그들 가운데서 자비를 베풀었습니다." 자신이 허영에 차 있던 시절에는 나병 환자들 바라보는 것마저 지겨워 3 킬로미터 가량이나 떨어져서 그들의 집을 쳐다보는 데도 손으로 코를 막아 버렸다고 늘 말해 주곤 했다.[59]

병자들의 상처를 닦아주며 프란치스코는 나병 환자를 극도로 꺼리던 귀족 젊은이에서 그들을 돌보는 성인으로 변화했다. 이후 프란치스코는 형제들을 보내 나병 환자를 돌보도록 했다.

막일을 할 줄 아는 형제들은 낮에는 나병 환자들의 숙소나 적당한 곳에 머물면서 모든 사람에게 겸손되이 헌신적으로 봉사하였다.[60]

기도로 충만한 가운데 병자를 돌보고 그들과 함께 지내는 일은 그때부터 프란치스칸 전통의 중심으로 자리 잡았다.

겸손, 가난, 단순

우리는 육적으로 지혜로운 자들과 영리한 자들이 되어서는 아니 되며, 오히려 더욱 단순한 자들, 겸허한 자들, 순수한 자들이 되어야 합니다. … 우리는 절대로 다른 사람들 위에 있기를 바라서는 아니 되며, 오히려 "하느님 때문에 모든 인간 피조물"의 종이요 아랫사람이 되어야 합니다.[61]

수도 생활의 세 가지 소명, 곧 겸손, 가난, 단순은 기도와 함께 프란치스칸 삶의 주춧돌로 묘사된다.[62] 이 세 가지 요소는 프란치스코의 기도에서 비롯되었다. 프란치스코는 이 세 가지 요소를 중심에 두고 예수 그리스도의 삶에 가까이 다가가고자 했다. 많은 일화가 그리스도를 철저히 따르고자 한 프란치스코의 엄격한 모습을 전한다.

겸손

프란치스코와 그를 따르던 사람들은 사회에 어떤 것도 바라지 않았다. 그들은 자신을 스스로 낮은 사람들 가운데서도 가장 낮은 사람으로 이해했다. 모든 형제는 일하거나 음식을 동냥해야 했다.

가난

프란치스코는 가난을 이상으로, 구애하여 사랑을 쟁취해야 할 신부와 같이 여겼다. 형제들은 돈을 받지 않았고 돈에 손을 대지도 않았다.

단순

프란치스코는 복음을 문자 그대로 단순하게 삶에 적용했다. 그는 "내일 일을 염려하지 말라"는 말씀을 따라 형제들에게 미리 음식을 준비하지 말라고 했다. 자신이 입고 있던 망토나 가지고 있던 성서까지 틈나는 대로 사람들에게 나누어 주었다.

성찰을 위한 질문:

프란치스코는 자신과 만난 모든 사람에게서

하느님과 그분의 사랑을 경험했다.

그의 삶은 당신의 삶을 성찰하는데 어떤 도움이 되는가?

프란치스코는 화해와 평화를 선포했다.

그는 겸손하고 가난하며 소박한 삶을 살았다.

당신의 삶은 그의 삶과 얼마나 닮았는가?

닮은 부분이 있다면 어떻게 드러나고 있는가?

알고 있는 문자나 알고 싶어 하는 모든 문자를

육신의 것으로 돌리지 않고, 오히려

모든 선을 소유하시는 지극히 높으신 주 하느님께

말과 모범으로 돌려드리는 사람들은 거룩한 문자의

영으로부터 생명을 얻은 사람들입니다.

권고들 中

04

—

프란치스코의 가르침 실천하기

지금까지 프란치스코가 삶의 여정 가운데 실천했던 기도와 행동에 관해 살펴보았다. 이제는 오늘날 우리가 그의 기도와 행동에서 무엇을 배울 수 있을지를 살펴보자.

아씨시 프란치스코는 철저한 신앙인이었다. 그는 그리스도를 전적으로 따라 살고자 노력함으로써 거룩한 면모를 드러냈다. 프란치스코는 복음에 나타난 예수의 길을 문자 그대로 따르고자 했다. 그는 재산 없이 살았고, 가진 것을 끊임없이 베풀었으며, 전쟁터를 가로질러 죽음을 감수하고 적국 왕에게 복음을 전하기도 했다. 그는 새와 가축에게 설교했고, 기도로 밤을 지새우기도 했다. 프란치스코는 참으로 거룩하고 실험적이기까지 했던 삶을 통해 성인이 되었다. 오늘날 우리는 어떻게 프란치스코를 따라 기도하고 행동할 수 있을까? 우리가 모두 성인이 될 수는 없다. 그러나 프란치스코와 형제들의 모범을 따라 배우며 일상에서 더 나은 그리스도인이 되고자 노력할 수는 있다. 아래에 소개되는 사례들은 프란치스코의 모범을 따라 살아가려는 현대적인 시도들로 모두 기도를 삶의 중심으로 삼고 있다.

창조세계에 대한 돌봄

2006년, 잉글랜드 남서부 지방의 도싯Dorset에서 힐필드 평화 환경 운동The Hilfield Peace and Environment Initiative이 발족했다. 이 모임은 성공회 성 프란치스코 수도회(성 프란시스 수도회)Society of St.Francis가 프란치스칸이 추구하는 평화와 정의, 창조세계에 대한 돌봄의 정신을 육성하고 나누는 것을 목적으로 기획했다. 서로 다른 신앙을 가진 사람들, 특정한 신앙을 갖지 않은 사람들까지 함께 모여 다음의 사항들을 적극적으로 추진하고 있다.

· 단순, 겸손, 평화의 삶을 함께 살기

- 찾아오는 사람, 주변인과 타지인을 환대하기
- 주변 환경을 돌보고 기뻐하기
- 세계 평화와 정의를 위해 일하기
- 하느님의 넘치는 자비를 증언하기
- 세상에서 평화롭고 지속 가능하며
  존중하는 자세로 살아가는 삶의 비전 공유하기
- 모든 피조물과 함께 하느님을 찬미하며 감사하기

이러한 목표는 특히 지역 환경을 돌보는 일과 사람들에 대한 환대, 각종 교육 운동 등으로 현실화되고 있다. 운동에 참여하는 이들은 다양한 식생과 동물이 최대한 서식할 수 있게끔 땅을 관리한다. 땅에서 일하는 다른 사람들에게는 더욱 넓은 환경 문제를 돌이켜보며 이러한 일에 동참하도록 장려한다. 지역 환경 돌봄은 지역 구성원들을 넘어 세계의 가난하고 소외된 이들을 돌보기 위한 필수 요소다.

우리는 각자의 삶에서 평화와 정의를 위해 일하고 다른 이들을 위해 이를 증진하고자 합니다. 이러한 일에는 영적인 차원, 그리고 정치적인 차원이 있습니다. 관상을 통한 일깨움 contemplative awareness은 사회 안에서 변화된 비전과 공감에서

우러나온 행동을 일구어낼 수 있기 때문입니다.[63]

사회적 행동

로마 가톨릭 사제이자 프란치스코회 형제인 마이클 저지 Mycal Judge는 9.11 세계무역센터 테러 참사에서 순직하여 국제적인 주목을 받았다. 그는 뉴욕시 소방청 담당 사제로 주요 사고 현장에 참석하곤 했다. 세계무역센터 남쪽 타워가 무너졌을 때, 그는 북쪽 타워 로비에서 기도하며 부상자를 돕던 중 날아온 파편에 맞아 사망했다. 그는 테러 사건에서 첫 희생자로 등재되었다.

무역센터 사건 발생 시 그가 보여준 모범적인 '행동 안에서의 기도'prayer in action은 잘 알려졌다. 그러나 그가 생애를 통틀어 뉴욕에서 활동한 내용은 그다지 잘 알려지지 않았다. 다양한 사목 현장에서 20년간 활동했던 그는 에이즈가 창궐하던 초기에 성 프란치스코 에이즈 센터St Francis AIDS Centre를 설립했다. 당시 로마 가톨릭 교회가 에이즈와 동성애에 대해 견지하던 극도로 보수적인 입장을 감안하면 획기적인 일이었다. 그가 여러 고된 현장에서 상처 입은 치유자가 될 수 있었던 것은 자신의 과거를 끊임없이 자각했기 때문이다.[64] 마이클 저지 자신이 동성애 성향을 갖고 있었고 알코올 중독 경험자였다. 그는 성사를 베풀기 전 늘 고요한 가운데 기도하며 시간을 보냈다. 또한 그는 끊임없이 가난한 이들에게 옷가지와 침구, 돈을 베풀었다. 수도복을 입어 수도회의 전통을 증언하였고 사람들이 '멈추고, 말하며, 가슴 속 깊은 곳에서부터 마음을 열도록' 했다.

성공회 프란치스코 제3회에 속한 새라Sarah는 프란치스칸으로서, 호스피스이자 간호사, 아내이자 두 아이의 어머니로서 기도에 대한 깊은 헌신을 바탕으로 자기 일을 병행하고 있다. 그녀는 계단 아래 기도실을 만들었고 근무 시간에 맞추어 하루에 적어도 한 시간 이상 기도하고자 힘쓴다. 또 매달 한 번씩 침묵의 날을 보내며 해마다 피정에 참여한다.

예언자적 신학자

브라질 신학자이자 저술가인 레오나르도 보프Leonardo Boff는 생애 대부분을 프란치스코회 형제로 지냈다. 해방신학의 선구자 중 한 사람으로 널리 알려진 그는 빈곤층의 소외와 고통에 대한 많은 논의에 참여했다. 이는 나중에 구스타보 구티에레즈Gustavo Gutierrez가 저서 『해방신학』A Theology of

Liberation을 집필하는 계기가 되기도 했다.[65] 라틴 아메리카에서 일어난 사회 정의 운동은 빈곤층에게 권력을 부여하는 기초 교회 공동체를 만들었다. 이러한 운동은 인권 문제에도 주목했고 보프는 이 문제를 일관되게 다루었다. 얼마 지나지 않아 보프는『해방자 예수 그리스도』Jesus Christ Liberator를 출간했다.[66] 이 책은 해방신학적 입장에서 그리스도론을 제시한 저작으로서, 로마 가톨릭 교회가 가난한 공동체들에 행사하던 권력을 비판하고 다수가 권력을 나누어 갖는, 섬김에 기반을 둔 대안적 모델을 제시한다. 바티칸은 일 년 동안 보프에게 '침묵' 조치를 내리는 방식으로 대응했고 1992년 개최된 국제연합 환경개발회의에 참석하는 것이 금지되자, 보프는 사제직을 그만두고 학문 활동에 전념했다. 그의 저술들에는 세계 평화에 대한 예언자적 비평, 현대 사회 문제들에 대한 프란치스코의 비전을 보여주는 전기 등이 있다.[67]

은둔 생활의 경험

공동체에서 오고 가는 형제애적 도움의 맥락에서, 기도와 행동을 번갈아 하는 프란치스코의 사례는「은수처를 위해 쓴 회칙」에 개괄되어 있다.[68] 다시금 기도의 삶을 살기 위한 이

프란치스칸 모델은 오늘날에 이르러 다양한 방식으로 구현되고 있다.[69]

- 오스트리아에 있는 프란치스코회에 속한 세 형제는 격리된 은수처에 살고 있다. 「은수처를 위해 쓴 회칙」에 기반을 둔 생활 가운데 방문자 수는 제한된다. 각 형제는 매년 4개월씩 은둔 생활하며 다른 이들과는 제한된 만남을 가진다.

- 지역 교회에서 사목활동을 돕고 있는 한 프란치스코회 수녀는 네 명의 여성을 위해 한 달에 한 번 침묵의 날을 정한다. 「은수처를 위해 쓴 회칙」에 따라, 참여자들은 차례로 '어머니'의 역할을 하면서 각 '아들'들을 부양하며 그들이 조용히 기도할 수 있게끔 돕는다. 하루가 끝날 무렵 그들은 함께 성찰하면서, 이러한 '어머니' 혹은 '마르타'의 역할이 도움이 된다는 점을 깨달았다. 마찬가지로 어느 부부는 부부 관계 속에서 서로 간의 돌봄을 위해 「은수처를 위해 쓴 회칙」을 활용하는 것이 유용하다는 점을 깨달았다.

- 어느 프란치스코회 수녀 공동체는 「은수처를 위해 쓴 회칙」에 착안하여 스태포드셔Staffordshire에 특별히 계획

된 프란치스칸 기도·고독의 집Franciscan House of Prayer and Solitude을 설립했다. 은수처를 찾는 방문객들은 각자 고독의 동반자로 삼을 '어머니'를 배정받는다. 유사하게 미국의 은둔소resident hermit 수녀들은 '어머니'와 '아들'의 역할을 주고받으며 각자의 소명을 따라 방문객들을 맞이하며 생활한다.

· 어느 도시 빈민가에는 다섯 명의 프란치스코회 형제들이 수도원에 딸린 은수처를 만들었다. 시끌벅적한 도시 앞마당에 개인이 기도할 수 있게끔 작은 공간을 마련한 것이다. 형제들은 「은수처를 위해 쓴 회칙」에 따라 6주에 3일씩 '아들'로서 기도에 전념한다. 한편 '어머니'들은 은수처의 고요와 기도를 보호한다. 그들은 공동으로 성무일도를 지키며 함께 식사한다.

설교

프란치스코회 형제이자 사제인 리처드 로어Richard Lohr는 1986년 뉴멕시코 주에 행동과 관상을 위한 센터The Center for Action and Contemplation를 설립했다. 그는 자신이 속한 프란치스코 수도 공동체 뒤편에 마련한 은수처에 살며 시간을 나누어

지역에서 일하고 세계를 돌아다니며 설교와 강연을 한다.[70] 국제적으로 유명한 연사이자 작가인 그는 복음을 선포하는 것이 자신에게 주어진 가장 큰 소명이라고 믿는다. 해방으로서의 성서, 실천과 관상의 통합, 공동체 만들기, 평화와 정의에 관한 문제, 애니어그램, 남성 영성male spirituality과 생태 영성 등이 그가 강연하는 내용이다.

리처드 형제의 소명은 프란치스코가 그러했듯, 기도와 관상, 행동 간의 균형을 자신의 삶에서 설교와 전교를 통해 이루는 것이다. 그는 프란치스칸 기도 그리고 프란치스칸 설교, 프란치스칸 전교를 살아가는 예이다.

국제적 화해, 평화와 비폭력

국제연합UN에 프란치스칸 이상이 처음 등장한 것은 1982년의 일이다.[71] 이때 국제 프란치스칸Franciscans International: FI으로 명명된 기구가 만들어졌고 프란치스칸 신념을 공유하는 사람들의 공통 과제를 설정했다. 주된 목표는 다음 세 가지다.

· 피조물—인간과 환경 모두—에 대한 돌봄의 필요성을 강조하며, 만물 간 상호 연결성에 대한 자각 고취

· 평화와 비폭력 증진

· 세계 빈곤층에 대한 관심 부각

　오늘날 국제 프란치스칸은 국제연합이 승인한 비정부기구로서 국제연합의 모든 활동에 참여하고 있다. 여기에는 국제연합에서 하는 국제회의 및 준비 위원회, 국제연합 특별총회UNGASS, 그리고 국제연합 인권위원회UNCHR에 대한 참여 등이 포함된다. 또한 국제 프란치스칸은 여러 개발도상국에서 각 분야의 프란치스칸 회원들과 연대하여 각국 정부와 국제연합 사무국에 기술적인 전문지식과 조언을 제공한다. 이러한 연대 덕분에 빈곤하고 소외된 이들이 국제 협약을 논의하는 국제연합 회의에 자주 참석하여 자신이 속한 사회를 위해 발언하게 되었다. 국제 프란치스칸은 국제적인 공동체나 연구 사업, 혹은 지역적 변화를 다루는 시민 단체에 참여하고자 하는 회원에게 도움을 제공하기도 한다.

생활 양식

　프란치스코는 기도, 그리고 지속적인 긴장 가운데 행동하는 삶에 매료되었다. 이 장에 등장한 이들을 하나로 묶는 공통분모는 아씨시 프란치스코처럼 예수 그리스도를 따르려는 열망과 기도에 대한 헌신이다. '생활 양식'Rule of Life이 프란치스코가 세운 세 수도회에 필수불가결한 것과 마찬가지로, 이러한 헌신은 프란치스칸 삶의 방식을 지향하는 사람들에게 매우 중요하다.

제1회에서 형제들은 공동체를 이루어 수도 규칙을 지키며 살아가면서도, 세속 세계에 능동적으로 참여한다.* 제2회에서 수녀들(가난한 클라라)은 성 클라라의 모범을 따라 기도에 초점을 둔 폐쇄적 관상의 삶을 살아간다. 제3회 회원들은 생활 양식을 따르는 데 전념하며 세속적 일상을 살아간다.

이 세상에 몇 명의 프란치스칸이 있는지는 오직 성령만이 아신다는 유명한 말처럼, 프란치스칸이 되는 방법은 놀라울 정도로 다양하다. 오늘날 로마 가톨릭 교회에서는 수만 명의 수사와 수도사제가 프란치스코에게서 이어져 오는 작은 형제회 계열의 세 수도회에 속해 활동하고 있다. 클라라에게서 이어져 오는 클라라 관상 수녀회 또한 수백 개가 있다. 프란치스코가 창설한 보속의 회Order of Penance에 영감을 받은 제3회에는 수사나 수녀처럼 가난, 정결, 순명을 서약한 수십만

---

* 1회 수도회에는 작은 형제회(프란치스코회 O.F.M.), 콘벤뚜알 프란치스코 수도회(O.F.M.Conv), 카푸친 작은 형제회(O.F.M.Cap)가 있다.

의 남성과 여성이 있다. 보속의 회 직계인 재속 프란치스코 회에 속한 이 수백만 평신도 회원은 세속 직장과 가정에서 프란치스칸의 삶을 증언한다.

로마 가톨릭을 제외한 다른 교파에서도 프란치스코에게 영감을 받은 사람들이 있다. 가령 성공회 성 프란치스코 수도회는 성공회에서 가장 큰 프란치스칸 공동체이다. 그리고 어떤 공동체에도, 심지어 교회에도 속하지 않았지만, 그럼에도 불구하고 프란치스코와 클라라가 걸었던 신앙의 여정에 영감을 받은 이들이 있다.[72]

여기서 세 가지 회로 구분하여 지칭하는 것은 역사적인 관행일 뿐, 위계가 아니며 각각의 상대적인 중요성과는 관련이 없음을 강조할 필요가 있다. 성공회 프란치스코 수도회의 제1회와 제2회에 속한 수도자들의 규칙은 겸손과 사랑, 그리고 기쁨이 드러나는 삶으로 표현된다. 그러한 삶은 가난·정결·순명이라는 세 가지 조건과 기도·연구·노동이라는 세 가지 봉사의 길에 뿌리를 둔다. 그들은 성무일도를 지키며 바치는 공동 기도와 영성체, 그리고 개인 기도로 짜여 있는 일상에 전념한다. 마찬가지로 성공회 프란치스코 수도회 제3회 회원들은 매일 기도하며 각자의 생활환경에 따른 검소한 삶, 그리고 영적인 지도를 주는 생활 양식에 헌신한다.[73]

성찰을 위한 질문:

사회적 행동에 참여하는 것은 프란치스칸 전통에서

중요한 부분이다. 이를 어떻게 생각하는가?

오늘날 프란치스칸이 그러하듯,

프란치스코와 그의 '형제들'은 생활 양식을 따라 살았다.

생활 양식을 따르는 것은 예수 그리스도를 따르는 삶에

어떤 도움을 준다고 생각하는가?

주님께서 말씀하십니다.

"너희 원수를 사랑하고

너희를 미워하는 사람들에게 잘해 주고

너희를 박해하고 중상하는 사람들을 위하여 기도하여라."

따라서 자기 원수를 진정으로 사랑하는 사람은

자기가 당하는 해로 말미암아

하느님의 사랑 때문에 가슴 태우는 사람입니다.

그리고 그에게 행동으로 사랑을 보여 줍니다.

권고들 中

05

—

프란치스코의 기도 살기

아씨시 프란치스코는 예수 그리스도를 문자 그대로 철저히 따랐다. 가난한 삶을 살기 위해 그는 돈에 손을 대지도 않았지만, 우리는 보다 검소하게 살거나 우리가 가진 재산 중 일부를 내어놓고자 시도할 수 있을 뿐이다. 프란치스코는 실오라기 하나 걸치지 않은 채 마을 사람들과 주교 앞에 섰지만, 우리는 새로운 삶을 시작하고자 할 때 찬찬히, 단계적으로 변화를 추구할 따름이다. 기도할 때 그는 규칙적으로 밤을 지새웠으나 우리는 30분 남짓한 기도로 만족한다. 무엇을 해야 할지 망설일 때 프란치스코는 성서를 펼쳐 눈에 들어오는 구절이 있으면 그 구절이 알려주는 대로 행동했으나, 우리는 행동하기 전 계획을 하고도 얼버무리곤 한다. 그렇다면 우리는 오늘날 어떻게 프란치스코의 모범을 따를 수 있을까? 특히 기도를 어떻게 행동으로 이끌어 낼 것인가?

기도와 행동: 균형 찾기

프란치스코에게서 볼 수 있는 사목활동과 개인적인 기도 사이의 긴장은 예수의 마리아와 마르타 이야기(루가 10:38-42)로 거슬러 올라간다. 프란치스코에게 이러한 긴장은 양자택일의 문제가 아니었다. 「은수처를 위해 쓴 회칙」에 드러나듯 섬김과 기도는 도시에서, 병원에서, 해외 선교에서, 또 그 밖의 여러 장소에서 통합되는, 양립 가능한 것으로 여겨졌다.[74] 복음을 신중히 따르려면 활동의 차원과 관상의 차원을 모두 포괄해야 한다. 프란치스칸에게 행동이란 실천적인 것으로 대개 불결하거나 고된 일이 많다. 그러한 행동으로는 한센병 환자들을 간호하는 일이나 에이즈 환자들을 돌보는 일, 환경을 돌보는 일 등이 있다. 어떠한 실천의 자리로 부름을 받은 이 모든 일은 기도가 동반되지 않는다면 그저 무모한 자선 행위가 될지도 모른다. 기도는 성스러운 노력과 세속적인 노력을 구분하는 기준이다.

그렇다면 기도하고 행동할 때 얼마나 힘을 쏟아야 하고 성서를 문자 그대로 따라야 하는가? 여기서 예언자적 요소는 하나의 척도가 될 수 있다. 젊은 시절 프란치스코는 의도적으로 나병 환자를 피했다. 그는 당대의 문화에 순응했고 다른 이들처럼 신체적 결함이 있는 이들을 거부했다. 오늘날 우리 사회는 예전보다 훨씬 더 다양한 방식으로 타인을 배제한다. 프란치스칸 접근은 그러한 태도에 예언자적으로 도전한다. 이러한 도전은 타협하지 않는 설교, 혹은 복음을 문자 그대로 따르는 행위를 포함한다. 나아가 창조세계와 관련된 문제 즉 환경 문제, 에이즈와 젠더 문제, 빈곤과 소외, 평화와 비폭력, 또는 공동체를 만들거나 난민을 보호하는 조치를 요구하는 것 또한 이러한 도전과 관련이 있다. 프란치스칸 접근은 끊임없는 기도를 바탕삼아 다양한 활동을 펼친다.

만물을 향한 프란치스코의 사랑은 또 하나의 척도가 되어준다. 프란치스코에게 만물을 향한 사랑은 하느님을 향한 사랑에 터하고 있다. 그에게 만물은 하느님의 형상이자, 하느님의 선물이고, 하느님의 모습을 만날 수 있는 자리다. 프란치스코는 비록 삶에 어떠한 어려움이 있더라도 만물이 하느님의 사랑으로 서로 연결되어 있음을 일깨워준다. 그의 삶은 우리가 존재하는 모든 것의 가치를 깨닫도록 하는 도전으로 다가온다. 프란치스코가 기도할 때 성스러운 것과 세속적인 것을 나누지 않았다는 점을 주목하자. 하느님의 사랑 안에서 만물이 내적인 가치를 지닌다면 우리는 삶을 통해 끊임없이 기도할 수 있다. 일상의 다양한 모습으로 우리는 모든 것 안에서 하느님을 관상할 수 있고, 존재하는 모든 것 안에서 하느님의 현존을 긍정할 수 있다. 만물이 하느님께 속한다는 사실을 알기 때문이다. 홀로 하든 함께 하든 우리는 삶과 기도로 하느님을 향해 감사를 되돌려 드린다.

프란치스코가 그러했듯 행동과 기도 사이의 균형을 찾는 일은 때에 따라, 각자의 상황마다 다를 것이다. 프란치스코는 우리가 따를 수 있는 규칙적인 기도의 흐름을 보여 준다. 그는 규칙적으로 기도하는 사이사이에 치열하게 기도하는 시간과 열정적으로 행동하는 시간을 두었다. 프란치스코회 은둔 수도자들 또한 그러한 흐름을 따라 살고 있다. 이는 일상의 활동과 진지한 기도의 삶을 병행하고자 하는 우리 모두에게 커다란 자극이 된다. 그러한 흐름을 우리가 어떻게 만들어 갈지 고민할 때에도 우리는 다시 한 번 프란치스코에게 주목할 필요가 있다. 어떻게 해야 할지 확신이 없을 때, 그는 현명하고 경험 있는 사람들에게 안내를 구했다. 오늘날 그러한 영적 조언은 프란치스칸 삶에 중심요소로 남아 있다.

프란치스코와 함께 복음을 실천하기

   프란치스칸 운동에서 은사charism, 하느님이 교회에 주신 선물을 이해하려면 우선 철저하게 복음을 따라 살아야 한다. 여기서 '기도, 고행, 설교'라는 프란치스칸 삶의 특징이 가난, 겸손, 단순과 함께 도출된다. 생활 양식은 이 모든 것의 지표다.[75] 그러나 이것이 전부는 아니다. 이 모든 것은 사랑, 곧 그리스도인 사이에서 일어나는 사랑, 또 프란치스코를 사랑으로 부르신 것과 마찬가지로 우리 각자를 부르시는 하느님의 사랑에 바탕을 두고 있다. 특히 「은수처를 위한 규칙」에 담긴 사랑의 정신은 이를 잘 보여준다.[76] 프란치스코는 은둔 수도자들의 금욕 생활과 고행에 관해 상세하게 설명하기보다는 은수처에서의 이상적인 기도 환경을 조성하기 위한 사랑의 분위기를 말한다.[77] 사랑은 혼자만의 노력으로 이루어지지 않는다. 사랑은 형제들이 서로 보살핌으로써 이루어진다. 이는 프란치스칸 은사가 터하고 있는 바탕이다.

   아씨시 프란치스코가 보여준 기도와 행동의 모범 안에서 예수 그리스도의 복음을 따라 살고자 하는 이들은 이러한 사랑의 정신에 바탕을 둔 풍부한 전통을 계승한다.[78] 사람들은 프란치스코를 하나의 정신이자 삶의 길로 묘사했다. 프란치스코는 사랑의 정신과 삶의 방식이 어떤 형식이나 관념, 혹은 추상적인 이상이 아니라 오직 실천에서 드러나는 것임을 보였다.[79] 프란치스코는 기쁨, 행복, 타협을 모르는 설교, 용서, 기도, 그리고 그 밖의 수많은 가치를 살아냈다. 이 점은 대단히 중요하다. 그는 서재나 집에 들어가 앉아 위대한 사상에 관해 사색하거나 글로 이론을 써내기보다는 기도와 행동을 삶 가운데서 이루어지는 실천 속에 놓았다. 그는 살면서 마주치는 큰 일에서든 작은 일에서든, 자신을 본받아 행동하도록 우리를 다독인다. 이를 행동으로 옮기는 것은 언제든 가능하다. 프란치스코는 세상을 떠나기 몇 달 전에도 새로이 행동하고자 했다.

- 형제들이여, 지금까지 진전이 거의 없다시피 하니, 주 하느님을 섬기기 시작합시다.[80]
- 궁극적으로 우리 또한 사랑해야 합니다. 사랑하는 길을 택하여야 하고, 열망을 가져야 합니다.
- 기도는 열망입니다. 하느님께, 또 우리를 위한 하느님의 열망에 닿고자, 사랑하는 마음으로 열망하는 것입니다.[81]

형제들에게 편지를 쓸 때 프란치스코는 알고 있었다.

우리가 무엇보다 먼저 갈망해야 할 것에 집중할 것입니다. 곧, 주님의 영과 그 영의 거룩한 활동을 마음에 간직하고, 주님께 깨끗한 마음으로 항상 기도하고 박해와 병고에 겸허하고 인내하며, 또한 우리를 박해하고 책망하고 중상하는 사람들을 사랑하는 일입니다.[82]

프란치스칸 기도는 구하는 모든 이에게 선물로 주어졌으며 또 열려 있다. 앞서 살펴본 바와 같이 프란치스코는 우리에게 어떤 기도의 체계가 아닌 삶을 통한 모범을 남겼다. 다시 말하자면 그것은 열망, 하느님을 택함, 규율 안에서 인내하는 기도이다. 프란치스코회 신학자였던 성 보나벤투라는 이를 다음과 같이 요약한다.

이 모든 것이 어떻게 일어난 것인지 알고자 원한다면, 설명이 아닌 은총을, 이해가 아닌 열망을, 부지런한 독서가 아닌 절절한 기도를 … 빛이 아닌 불을 구하라. … 이 불이 하느님이시다. … 그리고 그리스도는 당신의 타오르는 열정의 연기 안에서 그 불을 붙이신다.[83]

1 사이먼 콕세지는 Francis of Assisi: Early Documents, ed. R Armstrong, J Wayne Hellman and W Short (New York: New City Press, 1999) 를 사용했으나 이 역서에서는 『아씨시 프란치스코와 클라라의 글』(프란치스코 출판사, 2014), 『아씨시 성 프란치스꼬의 생애』(분도 출판사, 2000)을 사용했으므로 이후 주석은 두 책의 페이지를 명시한다. 아씨시 프란치스코, 「태양 형제의 노래」, 『아씨시 프란치스코와 클라라의 글』, 133.

2 1장은 다양한 자료의 도움을 얻었다.

3 토마스 첼라노, 『아씨시 성 프란치스꼬의 생애』, 분도 출판사, 2000.

4 아씨시 프란치스코, 「인준받지 않은 수도규칙」, 『아씨시 프란치스코와 클라라의 글』, 223.

5 아씨시 프란치스코, 「유언」, 『아씨시 프란치스코와 클라라의 글』, 14.

6 토마스 첼라노, 『아씨시 성 프란치스꼬의 생애』, 149-150.

7 아씨시 프란치스코, 「형제회에 보낸 편지」, 『아씨시 프란치스코와 클라라의 글』, 188.

8 토마스 첼라노, 『아씨시 성 프란치스꼬의 생애』, 137.

9 아씨시 프란치스코, 「유언」, 『아씨시 프란치스코와 클라라의 글』, 293.

10 아씨시 프란치스코, 「신자들에게 보낸 편지 2」, 『아씨시 프란치스코와 클라라의 글』, 175-176.

11 아씨시 프란치스코, 「시간경마다 바치는 찬미」, 『아씨시 프란치스코와 클라라의 글』, 91.

12 아씨시 프란치스코, 「유언」, 『아씨시 프란치스코와 클라라의 글』, 291-2.

13 토마스 첼라노, 『아씨시 성 프란치스코의 생애』, 99.

14 아씨시 프란치스코, 「신자들에게 보낸 편지 2」, 『아씨시 프란치스코와 클라라의 글』, 174-175.

15 아씨시 프란치스코, 「"주님의 기도" 묵상」, 『아씨시 프란치스코와 클라라의 글』, 81-87.

16 아씨시 프란치스코, 「형제회에 보낸 편지」, 『아씨시 프란치스코와 클라라의 글』, 187.

17 아씨시 프란치스코, 「권고들」, 『아씨시 프란치스코와 클라라의 글』, 271.

18 아씨시 프란치스코, 「신자들에게 보낸 편지 2」, 『아씨시 프란치스코와 클라라의 글』, 175.

19 아씨시 프란치스코, 「인준받지 않은 수도규칙」, 『아씨시 프란치스코와 클라라의 글』, 198.

20 아씨시 프란치스코, 「유언」, 『아씨시 프란치스코와 클라라의 글』, 292.

21 토마스 첼라노, 『아씨시 성 프란치스꼬의 생애』, 127.

22 *Ibid*, 100.

23 *Ibid*, 148.

24 *Ibid*, 148.

25 아씨시 프란치스코, 「인준받지 않은 수도규칙」, 『아씨시 프란치스코와 클라라의 글』, 197.

26 아씨시 프란치스코, 「은수처를 위한 규칙」, 『아씨시 프란치스코와 클라라의 글』, 266.

27 아씨시 프란치스코, 「은수처를 위한 규칙」, 『아씨시 프란치스코와 클라라의 글』, 265-267.

28 W. Short, Poverty and Joy—the Franciscan Tradition (London: Darton Longman

and Todd, 1999), 85.

29 아씨시 프란치스코, 「태양 형제의 노래」, 『아씨시 프란치스코와 클라라의 글』, 133.

30 J. Hammond, Francis of Assisi: History, Hagiography and Hermeneutics in the Early Documents (New York: New City Press, 2004), 137.

31 M. Blastic, ʻPrayer in the Writings of Francisʼ in T. Johnson (ed), Franciscans at Prayer (Leiden: Brill, 2007), 28.

32 아씨시 프란치스코, 「신자들에게 보낸 편지 2」, 『아씨시 프란치스코와 클라라의 글』, 175.

33 아씨시 프란치스코, 「보호자들에게 보낸 편지 1」, 『아씨시 프란치스코와 클라라의 글』, 150.

34 아씨시 프란치스코, 「인준받지 않은 수도규칙」, 『아씨시 프란치스코와 클라라의 글』, 203.

35 아씨시 프란치스코, 「인준받지 않은 수도규칙」, 『아씨시 프란치스코와 클라라의 글』, 228-229.

36 토마스 첼라노, 『아씨시 성 프란치스꼬의 생애』, 127.

37 아씨시 프란치스코, 「안토니오 형제에게 보낸 편지」, 『아씨시 프란치스코와 클라라의 글』, 164.

38 토마스 첼라노, 『아씨시 성 프란치스꼬의 생애』, 90-91.

39 아씨시 프란치스코, 「보호자들에게 보낸 편지 1」, 『아씨시 프란치스코와 클라라의 글』, 150.

40 아씨시 프란치스코, 「보호자들에게 보낸 편지 2」, 『아씨시 프란치스코와 클라라의 글』, 152.

41 아씨시 프란치스코, 「인준받은 수도규칙」, 『아씨시 프란치스코와 클라라의 글』, 262.

42 토마스 첼라노, 『아씨시 성 프란치스꼬의 생애』, 113-117.

43 *Ibid.*, 132.

44 *Ibid.*, 114-115 참조.

45 *Ibid.*, 115-116.

46 *Ibid.*, 134 참조.

47 *Ibid.*, 135.

48 *Ibid.*, 136 참조.

49 *Ibid.*, 76.

50 아씨시 프란치스코, 「유언」, 『아씨시 프란치스코와 클라라의 글』, 294.

51 L. Boff, The Prayer of Saint Francis: A Message of Peace for the World Today (Maryknoll: Orbis, 2005), 54.

52 아씨시 프란치스코, 「레오 형제에게 준 축복」, 『아씨시 프란치스코와 클라라의 글』, 128.

53 아씨시 프란치스코, 「어느 봉사자에게 보낸 편지」, 『아씨시 프란치스코와 클라라의 글』, 160-161 참조.

54 이를테면 L. Boff, The Prayer of Saint Francis: A Message of Peace for the World Today (Maryknoll: Orbis, 2005), 54.

55 아씨시 프란치스코, 「형제회에 보낸 편지」, 『아씨시 프란치스코와 클라라의 글』, 184.

56 토마스 첼라노, 『아씨시 성 프란치스꼬의 생애』, 82.

57 *Ibid.*, 80-81.

58 *Ibid.*, 112-113.

59 *Ibid.*, 68-69.

60 *Ibid.*, 94.

61 아씨시 프란치스코, 「신자들에게 보낸 편지 2」, 『아씨시 프란치스코와

클라라의 글』, 177.

62 J. Moorman, Saint Francis of Assisi (London: SPCK, 1963), 24.

63 www.Hilfieldproject.co.uk 에서 인용

64 M. Ford, Father Mychal Judge: An Authentic American Hero (New York: Paulist Press, 2002).

65 G. Gutierrez, A Theology of Liberation (London: SCM, 1974). 『해방신학』(분도 출판사 역간)

66 L. Boff, Jesus Christ, Liberator: A Critical Christology for Our Time (London: SPCK, 1980). 『해방자 예수 그리스도: 우리 시대의 비판적 그리스도론』(분도 출판사 역간)

67 L. Boff, Francis of Assisi, A Model for Human Liberation (Maryknoll: Orbis, 1982). 『정 그리고 힘: 가난한 이의 눈으로 본 아씨시의 프란치스꼬』(분도 출판사 역간)

68 아씨시 프란치스코, 「은수처를 위한 규칙」, 『아씨시 프란치스코와 클라라의 글』, 265-267.

69 A. Cirino and J. Raischl, Franciscan Solitude (New York, Franciscan Institute, 1995).

70 www.cacradicalgrace.org 나 R. Rohr, Hope Against Darkness: The Transforming Vision of Saint Francis in an Age of Anxiety (Cincinnati: St. Anthony Messenger Press, 2001)를 참조.

71 www.franciscansinternational.org

72 www.franciscans.org.uk

73 www.tssf.org.uk

74 아씨시 프란치스코, 「은수처를 위한 규칙」, 『아씨시 프란치스코와 클라라의 글』, 265-267.

75 R. Mrozinski, Franciscan Prayer Life (Chicago: Franciscan Herald Press, 1981), 16-17.

76 아씨시 프란치스코, 「은수처를 위한 규칙」, 『아씨시 프란치스코와 클라라의 글』, 266.

77 T. Merton, Contemplation in a World of Action (New York: Image, 1973), 276.

78 L. Boff, Francis of Assisi, A Model for Human Liberation, 138.

79 Ibid., 138.

80 토마스 첼라노, 『아씨시 프란치스꼬의 생애』, 162.

81 I. Delio, Franciscan Prayer (Cincinnati: St. Anthony Messenger Press, 2004), 35.

82 아씨시 프란치스코, 「인준받은 수도규칙」, 『아씨시 프란치스코와 클라라의 글』, 263.

83 Bonaventure, The Soul's Journey into God (trans. E. Cousins) (New York: Paulist Press, 1978), 115. 『하느님께 이르는 영혼의 순례기』(누멘 역간)

하느님을 끊임없이 갈망하고 온 마음을 다해 그리스도의 길을 따라 걷고자 했던 프란치스코의 삶은 그가 살았던 13세기를 넘어 오늘날에 이르기까지 그리스도인의 삶의 귀감이 되었다. 프란치스코는 글을 통해 어떤 지적 개념이나 추상적 교의들을 체계적으로 언급하지는 않았다. 그러나 그가 남긴 영적 감수성과 복음적 삶의 향기로 가득 찬 예언자적 영감은 800여 년에 달하는 긴 시간 동안 신학, 영성, 실천 등 그리스도교의 다양한 지평 속에 스며들어 끊임없는 생명력을 가진 채 이어져 오고 있다.

아쉽게도 그리스도교 신학과 영성의 전통에 프란치스코가 남긴 영향에 비해 국내에서 교양 독자를 위한 프란치스코

관련 서적의 수는 아직 부족한 편이다. 다만 가톨릭 신학/철학 전공자들이 중심이 되어 꾸준히 연구를 진행하고 있고, 개신교 학자들에 의한 연구도 지속적으로 이루어지고 있다. 가톨릭 프란치스코회 소속 출판사인 프란치스코 출판사에서는 프란치스코 원전 및 연구서 등 양질의 단행본을 출간하고 있다. 프란치스코 성인이 남긴 영감이 오늘과 내일의 한국 교회에 큰 자양분이 되리라 기대하며, 성인의 삶 및 프란치스칸 영성을 이해하는 데 도움이 될 몇 권의 책을 여기에 소개하고자 한다.

I. 프란치스코 원전

프란치스코 원전은 프란치스코가 직접 썼거나 프란치스코가 직접 말한 것을 형제들이 적은 자료들을 말하며 2회의 창시자인 아씨시 클라라가 쓴 편지들과 수도규칙, 격려문들을 포함한다. 여기에는 프란치스코의 글 중에서도 지속적인 영향력을 행사하고 있는 〈유언〉, 두 편의 수도규칙, 〈신자들에게 보낸 편지1〉, 〈권고들〉, 〈태양 형제의 노래〉를 소개한다.

1. 〈유언〉, 《아씨시 프란치스코와 클라라의 글》(프란치스코 출판사, 2014), 290-296.

성인 자신이 돌아본 성인의 생애

주님께서 나 프란치스코 형제에게 이렇게 회개를 시작하도록 해 주셨습니다. 죄 중에 있었기에 나에게는 나병 환자들을 보는 것이 쓰디쓴 일이었습니다. 그런데 주님 친히 나를 그분 가운데로 이끄셨고 나는 그들과 함께 지내면서 자비를 실행하였습니다. 그리고 내가 그들에게서 떠나올 무렵에는 나에게 쓴맛이었던 바로 그것이 도리어 몸과 마음의 단맛으로 변했습니다. 그리고 그 후 얼마 있다가 나는 세속을 떠났습니다. ... 그리고 주님께서 나에게 몇몇 형제들을 주신 후 내가 해야 할 일을 아무도 나에게 보여 주지 않았지만, 지극히 높으신 분께서 친히 나에게 거룩한 복음의 양식에 따라 살아야 할 것을 계시하셨습니다. - 본문 中

유언Teatamentum으로 알려진 이 글은 프란치스코가 자신의 평생을 돌이켜 보면서 남긴 기록이자 형제들에게 자신의 이상과 뜻을 마지막으로 전한 기록이다. 이 글은 말년에 건강이 악화되고 죽음을 예감한 그가 형제들에게 자신의 말을 받아 적게 해 남겨졌다. '작은 유언'으로도 불리는 이 글을 읽으면 프란치스코가 자신의 삶에서 지표로 삼은 세 가지 가치, 곧 형제애, 가난, 교회에 대한 순종에 대한 강조가 분명하게 드러난다.

특히 주목할 만한 표현은 "나는 그들과 함께 지내면서 자비를 실행하였습니다"라는 표현이다. "자비를 행하다"facere misericordiam라는 표현은 루가의 복음서 10:37을 비롯하여 불가타 라틴어 성서에 50회 가까이 나타나고 있는데 이를 통해 우리는 그가 나병 환자들을 포함한 가난한 이들과 더불어 살고 자비를 행함으로써 하느님과 하느님의 자비를 체험했음을 알 수 있다. 집회서 35:4 "남에게 자선을 베푸는 사람은 찬미의 제사를 바치는 것이다"와 연결하면 자비를 베푸는 삶은 그 자체로 회심과 찬미에 이르는 삶으로도 볼 수 있다.

프란치스코가 일평생 무엇을 추구하였는지, 그가 중요하게 여긴 순간들은 언제였는지, 그리고 그의 죽음 이후에도 형제들이 기억했으면 하는 가치가 무엇이었는지 성인 자신의 목소리를 통해 엿볼 수 있다는 점에서 프란치스코의 영성에 관심을 갖는 이들이 꼭 읽어야 할 글이다.

2. 두 편의 〈수도규칙〉, 《아씨시 프란치스코와 클라라의 글》, 193–264.

프란치스칸 삶 엿보기

모든 형제들은 우리 주 예수 그리스도의 겸손과 가난을 따르도록 힘쓸 것이며, "먹을 것과 입을 것이 있으면, 우리는 그것으로 만족합시다"라고 사도가 말한 대로 온 세상의 다른 어느 것도 가져서는 안 된다는 것을 기억할 것입니다. 그리고 천한 사람들과 멸시받는 사람들 가운데에서, 또한 가난한 사람들과 힘 없는 사람들, 병자들과 나병 환자들, 그리고 길가에서 구걸하는 사람들 가운데에서 살 때 기뻐해야 합니다. 그리고 필요하면 동냥하러 다닐 것입니다. ... 주님 자신도 복되신 동정녀도 가난하셨고 나그네이셨으며 동냥으로 사셨습니다. - 〈인준받지 않은 수도규칙〉 본문 中

프란치스코회에는 두 편의 수도규칙이 있다. 첫 번째 규칙은 1209년 교황 인노켄티우스 3세가 구두로 승인한 초기 규칙으로 〈인준받지 않은 수도규칙〉Regula non Bullata으로 불린다. 이 초기 규칙은 형제들의 다양한 체험, 제 4차 라테란 공의회의 교령들을 비롯한 교회의 가르침, 또 프란치스코 자신의 가르침이 덧붙여져 변화하고 발전했으며 1221년 모든 형제가 모인 성령강림 총회에서 최종 형태로 마무리되었다.

〈인준받지 않은 수도규칙〉은 사람들에게 깊은 영감을 주었지만, 보다 직설적이고 단순명료하게 다듬을 필요가 있었다. 프란치스코는 새롭게 작성한 생활 양식을 교황 호노리우스 3세에게 제출하여 1223년 11월 29일에 공식적으로 승인을 받았다. 이것이 두 번째 규칙, 열두 장으로 구성된 〈인준받은 수도규칙〉Regula Bullata이다. 이후 1회 수도자 형제들과 2회 클라라회 자매들, 3회에 속한 형제자매들은 하나같이 이 규칙을 주춧돌 삼아 복음에 관한 안목을 키우고 영감을 얻어 왔다.

두 수도규칙을 비교하면 〈인준받지 않은 수도규칙〉은 원론적이고 성서 구절의 인용이 빈번해 초기 프란치스칸 공동체의 투박한 모습을 반영한다. 한편 〈인준받은 수도규칙〉은 〈인준받지 않은 수도규칙〉에 견주어 한결 제도화된 수도회의 모습을 반영하고 있으며 여자 수도원에 대한 출입을 금하는 부분에 있어서는 시토회의 영향도 엿보인다. 일부 연구자들은 〈인준받은 수도규칙〉이 〈인준받지 않은 수도규칙〉에 비해 보다 완화된 면모를 보인다는 견해를 내비치기도 하며 그럼에도 불구하고 외적 가난과 소유에 관한 문제에서는 보다 엄격해졌다고 평가하기도 한다.

세세한 차이를 뛰어넘어 프란치스코의 수도규칙 두 편은 하나의 생활 양식으로서 진정한 프란치스칸 삶이 어떤 것인지 이해하는 데 더없이 중요한 역할을 한다. 가난, 겸손, 단순, 사랑, 전례 생활에 대한 존중, 참회, 설교, 전교에 대한 지침 등 오늘날까지 내려 오는 프란치스칸 정신이 두 규칙에 오롯이 녹아 있다.

3. 〈신자들에게 보낸 편지 1〉, 《아씨시 프란치스코와 클라라의 글》, 165-170.

회개하는 삶에 관하여

회개의 합당한 열매를 맺는 모든 사람, 오, 그런 일을 실천하고 그런 일에 항구하는 남녀들은 얼마나 복되고 얼마나 축복받은 사람들인지! 주님의 영이 그들 위에 머물고, 그들을 거처와 집으로 삼으실 것이며, 그들은 아버지의 일을 하는 천상 아버지의 아들들이고 우리 주 예수 그리스도의 정배들이요 형제들이며 어머니들이기 때문입니다. - 본문 中

〈신자들에게 보낸 편지 1〉의 가장 오래된 필사본은 다음과 같은 말로 시작한다. "이것은 생명과 구원의 말씀이다. 이를 읽고 따르는 자는 생명을 얻을 것이며, 주님으로부터 구원을 얻으리라." 누구를 염두에 두고 이 편지가 기록되었는지, 또 이 편지가 어떤 성격을 지니는지는 논쟁의 대상이 되고 있지만, 죄 중에 있는 신자들을 포함한 모든 신자에게 보낸 권고와 찬미의 편지로 읽힌다 해도 무리는 없다.

크게 두 부분으로 나눌 수 있는데 글의 전반부는 회개하는 이들에 관해 말하며 후반부는 회개하지 않는 이들을 놓고 두 부류의 사람들을 대조한다. 프란치스코에 따르면 회개하는 사람들은 거룩함을 입어 하느님의 일에 동참하는 축복을 누리지만, 회개하지 않는 사람들은 헛된 욕정과 세상의 노예가 되어 결국 파멸하는 저주의 결말로 치닫는다.

이 편지에서 눈여겨 볼 특징은 프란치스코가 인간을 삼위일체의 중심 위치로 끌어올렸다는 점이다. 회개하는 이들은 성부의 아들딸이 되고, 성자의 어머니가 되며, 성령의 신랑 신부가 된다. 하늘에 계신 아버지의 뜻을 실천하는 사람은 예수의 형제가 된다. 신성한 사랑과 순수하고 진실한 양심을 지니고 말씀의 신비를 마음과 몸에 간직하는 사람은 거룩한 사랑의 행위로써 빛이신 그리스도를 다른 이들에게 낳아 준다고 프란치스코는 말한다.

현재 프란치스코가 직접 쓴 것으로 간주되는 11개의 편지 중 이 편지는 그 중요도에서 첫 번째 자리를 차지한다. 특히 이 편지는 재속 프란치스코회 생활 양식에서 서문과도 같이 쓰이고 있다.

4. 〈권고들〉, 《아씨시 프란치스코와 클라라의 글》, 268-285.

하느님의 종이 된다는 것

사람들로부터 천하고 무식하며 멸시받을 자로 취급받을 때와 마찬가지로, 칭찬과 높임을 받을 때도 자기 자신을 더 나은 사람으로 여기지 않는 종은 복됩니다. 사실, 인간은 하느님 앞에 있는 그대로이지 그 이상이 아니기 때문입니다. 다른 사람들에 의해 높은 자리에 올랐다가, 자기 의지로 내려오기를 원치 않는 그런 수도자는 불행합니다. 그래서 자기 의지로 높은 자리에 있지 않고, 다른 이들의 발 아래 있기를 늘 열망하는 그런 종은 복됩니다. - 본문 中

중세 그리스도교 문헌에서 "권고"는 단지 사람들을 교화하거나 그들에게 그리스도의 가르침을 떠올리게 하는 역할을 넘어 성서 구절을 제시하고 이를 저자의 관점에 따라 해석하여 현실적인 적용에 이르게 하는 역할을 수행했다. 28개의 가르침으로 구성된 프란치스코의 〈권고들〉또한 성서 본문에 대한 프란치스코의 통찰이 다양한 삶의 체험 속에서 어떻게 적용될 수 있는지를 보여 준다. 그런 점에서 이 글은 프란치스칸 산상 설교라 할 만하며 초기 프란치스칸 삶의 정신을 잘 보여주는 '작음'과 '사랑'에 관한 찬가라고도 할 수 있다.

〈권고들〉에서 핵심 표현은 "하느님의 종"이다. "종"이라는 단어는 이 글에서 총 25회 언급되는데 종이 주인에게 온전히 의존하듯 우리는 하느님께 온전히 의존해야 한다는 프란치스코의 생각이 분명히 드러난다. 종의 삶의 특징적인 면모가 가난이라는 점도 프란치스코에게는 중요하게 작용했다. 가난은 영광과 영예를 멸시하며 분개하거나 흥분하지 않는다. 가난은 자기 뺨을 치는 사람을 사랑하게 하며 이웃 안에 있는 연약함을 보고 이웃의 고통에 참여하게 한다. 가난한 사람은 지상의 것을 멸시하고 천상의 것을 찾기에 하느님을 보는 축복을 얻는다.

영이신 하느님의 신비에 관한 묵상 또한 〈권고들〉에서 주요하게 다루어진다. 프란치스코는 삼위일체 하느님의 신비의 본질을 영으로 파악했다. 그가 보기에 모든 인간이 창조될 때 삼위일체 하느님의 영이 구원을 체험할 수 있는 가능성으로서, 씨앗으로 주어지며 삶의 여정을 걸어갈수록 은총을 통하여 발현된다. 이후 프란치스칸은 여기서 다루어진 생각들을 진전시켜 프란치스칸 고유의 신학적 사상을 구축해 나갔다.

내적 가난과 형제애에 관한 찬가로서 프란치스코의 '가난' 개념을 총체적으로 이해하는 데 큰 도움을 주는 작품일 뿐 아니라 이후 프란치스칸 신학에서 다루는 하느님의 신비 개념을 이해하고자 할 때 초석이 되는 작품이다.

5. 〈태양 형제의 노래〉, 《아씨시 프란치스코와 클라라의 글》, 131-135.

하느님 찬미로의 초대

지극히 높으시고 전능하신 주님
찬미와 영광과 영예와 모든 찬양이 당신의 것이옵고
홀로 지극히 높으신 당신께만 이것들이 속함이 마땅하오니
사람은 누구도 당신 이름을 부르기조차 부당하나이다.
내 주님, 당신의 모든 피조물과 더불어 찬미받으시옵고
그 가운데 각별히 주인이신 해님 형제와 함께 찬미받으소서.

...

내 주님을 찬미하고 찬양들 하여라.

감사를 드리고, 한껏 겸손을 다하여 주님을 섬거라.

- 본문 中

프란치스코는 말년에 시력을 완전히 잃었고, 극심한 병고에 시달렸다. 〈유언〉과 함께 성인의 마지막 순간에 완성된 이 시적인 하느님 찬미가는 프란치스코의 글 중에서 가장 널리 알려진 작품이며, 초기 이탈리아 문학의 기념비적 작품이자 그리스도교 문학사에 있어서도 걸작으로 평가받는다.

〈태양 형제의 노래〉는 한 번에 작성된 글은 아니다. 이 글은 마지막 두 연을 후렴구로 하여 하느님, 피조물, 인간 영혼에 대한 프란치스코의 시각을 담은 세 단계의 구성을 통해 연대기적으로 발전했다. 찬미가 첫 부분인 1-22절에서 프란치스코는 태양, 달, 별, 바람, 공기, 날씨, 물과 불, 땅을 통해 하느님을 찬미하며, 동시에 그 아름다움 자체를 관상하고 있는데 이때 남성 명사는 "형제"로, 여성 명사는 "자매"로 표현된다. 프란치스코에게 있어 각각의 피조물은 창조주 하느님을 표현하는 수단을 넘어서서 하느님을 나타내는 상징이자 형용이다.

23-26절은 사랑과 용서, 평화를 주제로 하는데 아씨시에서 일어났던 분쟁을 배경으로 한다. 아씨시 시장과 아씨시 주교 사이에 분쟁이 일어났을 때 프란치스코는 이 부분을 덧붙여 형제들을 통해 그들에게 보냈고 〈태양 형제의 노래〉를 노래하게 했다. 첫 부분에서 자연물을 소재로 창조주 하느님을 찬미했다면, 여기서는 하느님 사랑에 힘입어 용서하고 병약함과 시련을 견디는 사람들의 모습에서 하느님을 발견한다는 점에서 구원의 하느님, 그리스도를 찬미한다고도 볼 수 있다.

죽음 자매에 대해 노래하고 있는 27-31절은 프란치스코의 임종시에 기록되었다. 그는 육신의 죽음마저 하느님을 찬미하는 수단이자 하느님의 형용으로 보며, 하느님의 거룩한 뜻을 실천하며 죽음을 맞이하는 것 자체가 복된 일이라고 노래한다. 프란치스칸에게 죽음이란 영원한 생명의 문으로 두려워할 대상이 아니라 당신의 현존을 체험하게 해 주는 하느님의 선물이다.

〈태양 형제의 노래〉는 그 서정적 아름다움으로 인해 음악 작품에서도 꾸준히 사용되어 온 소재다. 가깝게는 성가 All Creatures of Our God and King(개신교 제목을 따르면 '온 천하 만물 우러러')의 모티브가 되어 오늘날 여러 교회에서 하느님을 찬양하는 노래로 사랑받고 있다. 19세기의 유명한 피아니스트이자 작곡가였고 말년에는 프란치스코회 3회 형제가 된 프란츠 리스트도 프란치스코의 기적 이야기와 이 찬미가에 영감을 얻은 몇 편의 작품을 남겼다. 20세기 작품으로는 스위스 작곡가 헤르만 주터Hermann Suter의 오라토리오, 미국 작곡가 레오 소워비Leo Sowerby의 칸타타 등이 있다.

프란치스코는 세상에 존재하는 모든 것을 하느님의 모습을 반영한 하나의 상징으로 이해했으며 〈태양 형제의 노래〉는 프란치스코의 그러한 영성을 가장 잘 드러내는 걸작이다. 프란치스코는 이 노래를 통해 형제 태양과 자매 달이, 형제 바람과 자매 물이, 형제 불과 우리의 자매이자 어머니인 땅이 한 가족이 되는 세상을 그렸으며 하느님 사랑으로 서로 용서하고 병과 시련을 견디며, 죽음마저도 축복으로 받아들이는 모습을 찬미했다. 이 노래는 모든 욕심에서 자유로웠던 이, 모든 것 안에서 아름다움과 선함을 발견할 수 있던 이만이 드릴 수 있는 찬미이며 프란치스칸 영성의 알짬이라고 보아도 무리가 없다.

〈태양 형제의 노래〉는 일찍이 가톨릭 사제이자 시인으로서 한국 그리스도교 영성과 문학 분야에 큰 업적을 남긴 최민순 신부(1912-1975)에 의해 번역된 바 있다. 그는 '자매'라는 단어를 '누나', '언니'로 표현하는 등 순우리말을 적극적으로 번역에 사용했는데 《아씨시 프란치스코와 클라라의 글》에 수록된 번역이 찬미의 기도에 가깝다면, 최민순의 번역은 고백의 시에 가까운 느낌을 준다. 아쉽게도 번역을 담은 시집 (《밤》(성바오로 출판사, 1986))이 절판되어 여기에 전문을 싣는다. 두 번역을 번갈아가면서 묵상하는 것은 프란치스칸 영성을 풍요롭게 음미하는 하나의 길이 될 것이다.

지극히 높으시고 전능하시고 자비하신 주여!
찬미와 영광과 칭송과 온갖 좋은 것이 당신의 것이옵소.
호올로 당신께만 드려져야 마땅하오니 지존이시여!
사람은 누구도 당신 이름을 부르기조차 부당하여이다.

내 주여 당신의 모든 피조물 그 중에도
언니 햇님에게서 찬미를 받으사이다.
그로 해 낮이 되고 그로써 당신이 우리를 비추시는
그 아름다운 몸, 장엄한 광채에 번쩍거리며,
당신의 보람을 지니나이다. 지존하신 이여!

누나 달이며 별들의 찬미를 내 주여, 받으소서.

빛 맑고 절묘하고 어여쁜 저들을

하늘에 마련하셨음이니이다.

언니 바람과 공기와 구름과 개인 날씨

그리고 사시사철의 찬미를 내 주여, 받으소서.

당신이 만드신 모든 것을 저들로써 기르심이니이다.

쓰임 많고 겸손되고 값지고도 조촐한 누나

물에게서 내 주여, 찬미를 받으시옵소서.

아리땁고 재롱 피고 힘 세고 용감한 언니

불의 찬미함을 내 주여, 받으소서.

그로써 당신은 밤을 밝혀 주시나이다.

내 주여, 누나요 우리 어미인 땅의 찬미 받으소서.

그는 우리를 싣고 다스리며 울긋불긋 꽃들과

풀들과 모든 가지 과일을 낳아줍니다.

당신 사랑 까닭에 남을 용서해주며 약함과

괴로움을 견디어내는 그들에게서 내 주여, 찬양 받으소서.

평화로이 참는 자들이 복되오리니

지존이여! 당신께 면류관을 받으리로소이다!

내 주여! 목숨 있는 어느 사람도 벗어나지 못하는

육체의 우리 죽음, 그 누나의 찬미 받으소서.

죽을 죄 짓고 죽는 저들에게 앙화인지고

복되다 당신의 더없이 거룩한 뜻을 좇는 자들이여!

두 번째 죽음이 저들을 해치지 못하리로소이다.

내 주를 기려 높이 찬양하고 그에게 감사 드릴지어다.

한껏 겸손을 다하여 그를 섬길지어다.

II. 프란치스칸 원천

프란치스칸 원천은 아씨시 프란치스코가 직접 쓰거나 말한 내용을 담은 기록, 아씨시 클라라가 직접 쓴 글은 아니나 프란치스코에 관한 주요 역사적 기록을 담은 문헌, 프란치스칸 정신이 오롯이 드러나는 고전적인 문헌들을 가리킨다. 여기서는 그중 프란치스코에 대한 고전적인 전기물이라 할 수 있는 첼라노의 저작, 후대 프란치스코에 대한 이미지 형성에 상당한 영향을 미친 《잔 꽃송이》, '가난'에 대한 프란치스칸 정신을 극명하게 엿볼 수 있는 《가난 부인과 성 프란치스코와의 거룩한 교제》를 소개한다.

1. 《아씨시 성 프란치스꼬의 생애》, 토마스 첼라노, 프란치스코회 한국관구 옮김, 분도출판사, 1986.

아씨시 프란치스코에 대한 가장 유명한 전기로, 프란치스코 생애를 살필 때 필수적으로 참고해야 할 저작이기도 하다. 저자 토마스 첼라노의 생애에 대해서는 잘 알려진 바가 없지만, 학자들은 그가 귀족 가문 출신이며 1214년에서 1215년 사이 어느 시점에 프란치스코의 형제가 되었다는 점에는 동의한다. 프란치스코 생애를 담아낸 그의 글에서 엿보이는 세련된 문학적인 요소들은 그가 고급 교육을 받았으며 신학에 대한 조예 또한 깊었음을 보여주고 있다. 이러한 능력을 살려 토마스 첼라노는 프란치스코에 관한 글 외에도 아씨시 클라라의 전기, 유명한 부속가sequentia인 〈진노의 날〉Dies Irae 을 비롯한 몇 편의 작품을 남겼다.

그가 쓴 프란치스코에 관한 글 중 첫 번째는 1229년에 집필한, 이른바 〈제1생애〉라고 불리는 〈성 프란치스코의 생애〉이며 두 번째 글은 '간절한 마음의 비망록'이라고 불리는

〈제2생애〉이다. 1250년에서 1253년경에는 〈제3생애〉라고 불리는 〈복되신 프란치스코의 기적 모음집〉을 저술했다. 한국어로 번역된 《아씨시 성 프란치스코의 생애》에는 제1생애, 제2생애와 제3생애 일부가 수록되어 있다.

〈제1생애〉는 막 시성된 성인에 대한 첫 번째 전기로, 프란치스코 원전을 제외하고 프란치스코에 관한 가장 중요한 기록으로 꼽힌다. 총 3부로 나뉘며 1부는 프란치스코의 청년기와 회심, 수도회 창설, 그의 거룩한 생활과 가르침을 시간적 순서에 따라 나열하고 2부에서는 성흔에 관한 이야기, 성인의 임종과 장례에 관한 이야기를 다루고 있다. 3부는 시성식과 시성식에서 접수된 기적들에 관해 언급한다. 이 저작에서 토마스 첼라노는 성인에 대한 역사 기록을 정리할 뿐 아니라 프란치스코가 당시 교회의 지평에 새로이 일으킨 활력을 언급하여 독자들을 프란치스코가 살아낸 복음의 정신으로 초대한다. 또한 성육신과 수난의 그리스도론으로 융화되는 말씀의 신학, 십자가 신학으로 프란치스코 이야기를 엮어냄으로써 이후 프란치스칸이 고유의 신학 사상을 전개할 수 있는 길을 열었다.

〈제2생애〉는 전기 형식을 따르지 않고 성인이 남긴 말이나 행적을 주제별로 재구성하고 있다. 작품은 2부로 나뉘는

데 비교적 짧은 1부는 〈제1생애〉의 1부에서와 마찬가지로 프란치스코의 일대기를 위주로 하되 중복되는 언급은 피하고 있다. 2부는 프란치스코가 남긴 어록과 일화를 가난, 기도, 기쁨, 겸손, 순명, 사랑 등 다양한 주제로 재구성하되 후반부에서는 프란치스코의 질병과 죽음을 다룸으로써 일종의 결론을 제시하고 있다.

〈제3생애〉는 이전의 제1, 2생애가 프란치스코의 기적을 다소 미흡하게 다루었다는 판단으로 기록되었다. 중세 그리스도교에서 기적은 중요한 요소였으며 성인으로 인정받기 위한 조건이 거룩한 생활이었다면, 거룩한 생활을 했다는 증거는 성인의 기적이었다. 작품은 총 19장 198항목으로 되어 있으며 1장은 형제회의 초기에 일어났던 기적을, 2장은 성인이 입은 성흔, 그리고 성흔에 관련된 기적을 다루고 있다. 나머지 부분은 성인이 행한 생전의 기적, 성인의 사후에 일어난 기적들을 회상하고 있다. 한국어 역본은 전체 내용을 수록하지는 않고 성인의 전기로서 가치가 있는 생전의 기적 중 제1, 2생애에 수록되지 않은 20여 개의 기적을 편역해 배열하였다.

토마스 첼라노가 그려내는 아씨시 프란치스코는 사변적인 신학을 전개하기보단 성서의 소박한 구절을 통해 말하고자 했고, 그리스도를 따르는 삶을 순전히 자신의 삶으로 담아내고자 한 인물이다. 프란치스코를 직접 보고 그와 함께 대화를 나눈 경험이 있는 저자의 기록으로서 성인의 향기를 가장 직접적이고도 생생하게 드러내는 작품이다.

2. 《성 프란치스꼬의 잔 꽃송이》, 프란치스코회 한국관구 옮김, 분도출판사, 1975.

> 늑대가 으르렁거리며 달려들자 성 프란치스코는 늑대를 향하여 성호를 긋고는 이렇게 말했다. "내 형제 늑대야, 그리스도의 이름으로 명하니 나도 또 다른 누구도 해치지 말아라." 성 프란치스코가 십자성호를 긋자, 한입에 집어삼킬 듯 맹렬하게 달려들던 사나운 늑대는 입을 다물고 주춤하니 멈추었다. 그리고 명령대로 가까이 와 어린양처럼 온순하게 성 프란치스코의 발밑에 드러누웠다. - 본문 中

《성 프란치스코의 잔 꽃송이》는 14세기 말에 완성된 아씨시 프란치스코와 최초의 형제들에 대한 다채로운 일화와 기적 전승 모음집이다. 이탈리아어로 된 이 책의 저자는 알려지지 않았지만, 우골리노Ugolino Brunforte, 1262년경-1348년경라는 형제가 1335년 경 라틴어로 쓴 〈복되신 프란치스코와 동료들의 행적〉Actus Beati Francisci et Sociorum Eius이라는 글을 토대로 기록된 것으로 보인다.

'잔 꽃송이'fioretti라는 이름은 1부 서문—"예수 그리스도의 영광스러운 기수, 작고 가난한 사부 성 프란치스코를 비롯하여 여러 동료의 기적과 덕행들이 아름다운 잔 꽃송이가 되어 이 책에 피어 있다"—에 기원을 두고 있으며 크게 두 부분으로 구성되어 있다.

총 53장으로 이루어진 1부에서는 프란치스코와 그의 동료 형제들에 관해 수집된 일화들이 주를 이루며 후반부에서부터 시대가 바뀌어 14세기 초 마르카 관구에서 살고 있던 몇몇 형제들,《잔 꽃송이》를 기록한 공동체 이야기가 나온다. 2부에서는 프란치스코의 성흔에 관해 상세히 다루고 있다.

이 책에 수록된 일화들과 전승들은 단순함과 인간미로 가득 차 있으며 첼라노의 전기, 프란치스칸들의 학문적, 사회적 실천과 더불어 오늘날까지 사람들이 프란치스코를 기억하는 데 주요한 역할을 했다. 이 책은 너무 무겁지도, 가볍지도 않은, 하루를 보내는 와중에 잠시 틈을 내어 질문을 던지고 묵상할 수 있는 일화들과 풍요로운 생각 거리를 제공한다. 프란치스칸 형제들이 끝까지 간직하고자 한 초심, 곧 수도회의 처음 시절 신심 생활과 정신을 엿볼 수 있는 저작이다.

3. 《가난 부인과 성 프란치스코와의 거룩한 교제》, 작자미상, 이재성 보나벤투라 옮김, 프란치스코 출판사, 2015.

뒤를 돌아보지 마십시오. 옥상에 있는 이는 물건을 꺼내러 집 안으로 내려가지 말고, 들에 있는 이는 겉옷을 가지러 가려고 뒤로 돌아서지 마십시오. 개인의 일상사에 얽매여서는 안 됩니다. 여러분을 더럽히고 타락시키는 이 세상 사물에 얽히지 마십시오. 구세주를 알고부터 여러분은 그런 것에서 뛰쳐나오지 않으셨습니까? 이 세상 사물에 얽힌 사람은 필연적으로 그에 덮치게 마련이고, 그러한 사람들의 마지막 형편은 처음보다 더 비참하게 됩니다. … 겉으로는 신심이 있는 체하여도, 그들은 거룩한 계명에 따라 살도록 지워진 그러한 생활에서 떠나 살기 때문입니다. - 본문 中

원제는 '가난 부인과 복되신 프란치스코와의 거룩한 교제'Sacrum commercium beati Francisci cum domina Pauperitate이며 작성 시

기는 논란 중이나 14세기 초에는 이 작품이 널리 알려진 것을 고려할 때 적어도 13세기 중엽에 기록된 것으로 추정된다.

이 저작은 프란치스코가 인격화된 가난, 즉 가난 부인을 만나 교제를 나누는 일종의 시극이다. 글은 프란치스코가 "자기 영혼이 갈구하는 바를 부지런히 찾아" 돌아다니는 와중에 가난 부인을 만나 그리스도와 사도, 그리스도와 사도와 가난의 관계, 탐욕과 같은 가난의 적 등에 관해 이야기를 나눈 뒤 향연을 벌이는 구도로 짜여 있다. 역사 기록과는 거리가 먼 장르의 글이지만 가난한 이와 병든 이를 섬기는 이, 철저하게 가난한 삶을 요구하는 복음을 그대로 삶으로 살아낸 이, 커닝햄의 말을 빌리면 "무기가 아니라 십자가를 짊어진 채, 이상적인 여인인 가난 부인을 섬기며 방랑하는 기사가 되기를 동경했던" 프란치스코와 프란치스칸의 정신이 잘 살아있는 작품이다.

1. 《성 프란치스코의 생애》, 헤르만 헤세, 이재성 보나벤투라 옮김, 프란치스코 출판사, 2014, 《성자 프란체스코 1,2》, 니코스 카잔차키스, 김영신 옮김, 열린책들, 2008.

프란치스코만큼 저명한 소설가들을 매혹시킨 그리스도교 성인도 드물다. 헤르만 헤세, 니코스 카잔차키스, G.K.체스터튼 등 문학사를 수놓은 인물들이 자신이 만난 프란치스코, 자신이 읽은 프란치스코를 작품 속에 그려냈다. 두 소설은 그 대표적인 예이다.

헤세의 《성 프란치스코의 생애》는 1904년 작으로 헤세의 초기작에 해당한다. 이 소설을 쓰기 전에 이미 헤세는 10여 년에 걸쳐 프란치스코의 생애를 탐구한 것으로 알려졌는데 그의 이후 작품들 속에 일관되게 흐르고 있는, 선을 향한 구도의 여정이 이 작품에서도 분명하게 드러난다. 허무함과 외적인 꿈과 희망의 헛됨 속에서 방황하다 자신의 내면 안에서 일어나는 빛에 이끌려 자신을 돌아보고 서서히 성숙해 나아간다는 점에서 프란치스코는 이후 헤세의 저작들의 주요 인물들, 즉《데미안》의 싱클레어,《싯다르타》에서의 싯다르타,《유리알 유희》의 요제프 크네히트의 원형이라 할 만하다.

카잔차키스의《성자 프란체스코》는 여러모로 헤세의《성 프란치스코의 생애》와 비교가 될만한 작품이다. 카잔차키스는 헤세와는 달리 그의 나이 70세 때 이 작품을 완성했으며 구성 역시 일반적인 전기나 전기 소설류가 아닌 프란치스코회 최초 형제 중 한 사람이었던 레오의 관점을 빌려 프란치스코의 생애를 재구성했다. 헤세에게 프란치스코가 이후 작품들의 시발점이 되는 '원형적 인물'이었다면 카잔차키스에게 프란치스코는 자신이 이전에 다루었던 작품 속 인물들의 모습을 응축시킨 '완성형 인물'이었다. 카잔차키스가 그린 프란치스코의 모습에서는《그리스인 조르바》에서의 조르바,《최후의 유혹》에서의 예수,《미할리스 대장》에서의 미할리스가 아른거린다. 진리를 향한 여정이라는 점에서는 궤를 같이 하지만, 헤세가 그린 프란치스코가 구도자에 가깝다면 카잔차키스가 그린 프란치스코는 어둠이 도사리고 있는 자기 자신의 내면, 자신을 탄압하고 멸시하는 외부와 끊임없이 갈등하고 투쟁하는 투쟁가에 가깝다.

두 작품은 프란치스코라는 인물이 그리스도교 신자든, 아니든 간에 많은 사람에게 영감을 불러일으킬 수 있으며 그의 글과 생애를 통해 자신을 반추할 수 있는 계기가 될 수 있음을 시사한다. 프란치스코 원전, 혹은 첼라노의 전기를 읽은 뒤 두 작품을 읽으며 또 다른 프란치스코 상을 그려본다면 더욱 풍요로운 독서가 될 것이다.

2. 《가난한 마음과 결혼한 성자 – 아씨시의 프란체스코》, 로렌스 커닝햄, 김기석 옮김, 포이에마, 2010.

프란치스코의 일생을 소재로 한 문학 작품은 대단히 많지만, 프란치스코라는 인물에 대한 객관적인 연구서는 문학 작품에 비해 적은 편이다. 이 때문에 중세 그리스도교 역사를 전문적으로 연구하는 사람이나 프란치스코회 형제가 아닌 이가 프란치스코에 진지하게 접근하고자 할 때 참고할 만한 책이 그리 많지 않은 것이 사실이다. 그런 점에서 미국 노터데임 대학교 신학부 교수 로렌스 커닝햄이 쓴 이 책은 특별한 위치에 있다.

이 책은 인간 프란치스코의 삶을 역사적이면서 동시에 신학적인 맥락 위에 놓고 살핀다는 데 그 의의가 있다. 총 8장에 걸쳐 저자는 "프란치스코회가 제시하는 전기 전통"을 받아들여 프란치스코의 삶에 영향을 미쳤던 체험과 사건을 연대기 순서에 따라 살펴보되, 각각의 사건이 어떤 역사적 맥락 위에 놓여 있는지, 어떠한 신학적 의미를 갖는지 설명을 덧붙여 독자들의 이해를 돕는다. 프란치스코 원전과 프란치스칸 원천을 두루 살피고 당시 교회 상황을 고려하여 저자가 구성해낸 프란치스코는 역사와 동떨어져 자연 속에서 유유자적하는 낭만적인 소설의 주인공이 아닌, 중세 가톨릭 개혁운동의 흐름 위에 굳건히 서 있으면서 복음의 길을 지향했던 개혁가다.

프란치스코를 다룬 많은 책이 성인의 복음적 삶의 일화에 초점을 맞춘 나머지 그가 13세기 역사의 지평에 놓여있는 인물이라는 점을 간과하는 경향이 있는 반면에 이 책은 중세 그리스도교 역사의 맥락 가운데 놓고 그가 어떤 위치에 있었는지, 또한 오늘날에 이르기까지 프란치스코에 대한 기억은 어떤 식으로 전개되어 왔는지 균형 잡힌 시선을 보여준다. 그리스도교 신앙을 갖지 않았으되 프란치스코에 관심을 가진 인문 독자들, 프란치스코를 처음 접하는 개신교 독자들이 프란치스코 원전과 프란치스칸 원천을 읽기 전에 참고하면 좋은 책이다.

3. 《아씨시 성 프란치스코의 영성》, 페르난도 우리베, 정장표 레오, 고계영 바오로 옮김, 프란치스코 출판사, 2014

로마 성 안토니오 대학교에서 프란치스칸 영성을 가르쳤으며 《당신을 위한 성 프란치스코》(프란치스코 출판사, 2013)의 지은이기도 한 페르난도 우리베의 프란치스칸 영성 해설서. 2010년 6월 서울에서 개최된 프란치스칸 영성 학술 세미나의 결과물로 프란치스코와 초기 프란치스코회의 특성을 '복음의 실행', '교회', '예수 그리스도를 따름', '회개', '형제성', '작음'이라는 6개의 항목으로 정리하고 있다.

지은이는 프란치스코 및 프란치스코회가 하느님께서 주신 "수도회나 수도회의 회원들에게 맡기신 특별한 임무 … 성령께서 베풀어 주시는 고유한 선물"로서의 '카리스마'를 어떻게 지니고 계승시켜 나갔는지 프란치스코 원전 및 프란치스칸 원천에 관한 세심한 분석을 통해 살피고 있다. 또한 각 장 끝에는 '실천을 위한 제안들'을 제시함으로써 새로운 시대에 프란치스코회가 자신들의 원천을 바탕으로 어떻게 거듭나야 하는지를 묻고 있다.

프란치스코회의 용어가 낯선 이들에게는 다소 어렵게 다

가갈 수 있지만 G.얌마로네가 쓴 《프란치스칸 영성 - 가난과 겸손을 동반한 여정》(프란치스코 출판사, 2007)과 함께 읽는다면 프란치스코회가 지닌 영성의 특징에 관해 일정 수준 이상의 이해를 갖출 수 있을 것이다.

4. 《프란치스칸 사상의 학문적 전통 – 기원과 중심 요소》, 케난 오스본, 김지완 옮김, 프란치스코 출판사, 2007.

버클리 연합신학대학원에서 조직신학과 성사신학을 가르치는 신학자이자 프란치스코 작은 형제회원인 케난 오스본이 프란치스칸 사상의 전개 과정을 간결하게 설명하고 있는 저작. 프란치스칸 전통이 2000년의 그리스도교 사상에서 어떠한 위치를 차지하고 있으며 어떠한 철학 사조의 영향을 받아 형성되어있는지를 압축적으로 보여주고 있다.

'서론', '역사적 개관', '아리스토텔레스의 철학 세계', '프란치스칸 사상의 학문적 전통의 점진적 발전', '프란치스칸 사상의 학문적 전통의 독특한 특성들' 등 총 5부로 구성되어 있으며 프란치스칸 사상의 학문적 전통이 나오기까지 그리스도교 신학 사상의 흐름과 중세 사상의 근간이 되는 아리스토텔레스의 철학 사상을 살핀 뒤 로마 가톨릭 교회의 다른 지적 전통들, 즉 토마스 아퀴나스의 저술을 중심으로 하는 도미니칸 전통과 히포의 아우구스티누스 저술을 중심으로 하는 아우구스티니안 전통과는 다른 프란치스칸 사상의 특징을 드러내고 있다.

지은이는 "프란치스칸 사상의 학문적 전통이 그리스도교 신학의 기원까지 거슬러 올라가는 깊은 뿌리를 지니고" 있다고 말하면서도 영성과 신학의 불가분리성, 삼위일체 하느님과 창조, 예수 그리스도로 드러난 하느님과 창조 세계에 드러난 하느님과의 "관계성"을 프란치스칸 고유의 특성으로 꼽고 있다. 프란치스칸 영성 및 사상의 특징과 다른 신학 사상, 철학 사조와의 연관성을 살피는 데 큰 도움을 주는 저작이다.

5. 《수도원의 탄생 – 유럽을 만든 은둔자들》, 크리스토퍼 브룩, 이한우 옮김, 청년사, 2005.

케임브리지 대학에서 교회사를 가르친 크리스토퍼 브룩이 A.D. 1000년에서 1300년까지 3세기에 걸친 시기, 수도회와 관련을 맺고 있었던 사람들과 수도사들이 유럽의 문화를 특징지었던 시기를 집중적으로 다룬 저작. 수도회들의 생성,

성장, 쇠퇴를 크게 '수도원 생활의 전통', '새로운 수도회들', '살아 있는 역사의 증거'로 나누어 수도원의 역사를 기술하고 있다.

1부에서는 수도생활의 기원부터 11세기까지 수도원의 역사를 개관하고 있으며 2부에서는 전통적인 수도생활을 계승하되 새로운 면모를 제시한 12-13세기 수도회들의 모습을 다루고 있다. 마지막 3부에서는 수도원의 전성기가 끝난 14세기부터 지금까지 역사를 밝히고 있다. 특히 13장 '수도원 세 곳 답사'에서는 현재 남아 있는 세 수도원—영국의 파운틴스 수도원, 몽 생 미셸 수도원, 밀라노의 산탐브로조 수도원—을 세세히 살피며 수도회를 세 유형으로 나누어 그 특징을 제시한다.

프란치스코, 프란치스코회와 관련된 장은 12장 '성 노르베르트와 성 프란체스코'인데 여기서 지은이는 프란치스코회를 도미니코회와 더불어 "당시 수도원 세계의 한계를 넘어서서 앞으로 수도원계가 나아가야 할 바를 뚜렷이 제시"한 수도회로 언급한다. 서구 유럽 문명이 형성되어 가는데 수도회가 어떠한 역할을 맡았는지, 그러한 수도원, 수도회의 역사에서 프란치스코와 프란치스코회가 어떠한 위치를 차지하고 있으며 어떠한 특색을 갖는지 가늠할 수 있게 해주는 저작이다.

6.《그리스도교 영성의 역사 – 깊은 기도의 방법과 체험에 대한 해설》, 어반 홈즈, 홍순원 옮김, 대한기독교서회, 2013.

성공회 사제이자 신학자인 어반 홈즈가 2,000년 그리스도교 영성의 흐름을 간결하게 정리한 책. 그리스도교 영성의 흐름을 유형별로 나누면서도 연대기로 서술해 놓아 그리스도교 영성의 입체적인 면모를 살필 수 있도록 해 놓았다.

'초대 교회와 그 이후', '중세 교회의 영성', '비잔틴 영성', '근대 교회의 영성' 등 총 4장으로 구성되어 있으며 서론에서는 그리스도교 영성 유형을 나누는 기준이 무엇인지를 밝혀 놓았다. 홈즈는 수평적인 차원과 수직적인 차원을 나눈 뒤 이를 다시 둘로 나누고 있는데 수평적인 차원은 긍정의 길과 부정의 길로, 수직적인 차원은 지성과 감성으로 나뉜다.

지은이는 '중세 교회의 영성'에서 중세 그리스도교 신앙을 잘 보여주는 인물로 프란치스코를 언급하며 프란치스코와 프란치스코회가 수평적인 차원에서는 긍정의 길의 경향성을 보이고 수직적인 차원에서는 감성적인 경향성을 보였다고 진단하고 있다. 보나벤투라와 더불어 라이문두스 룰루스Raymond Lull을 프란치스칸 영성의 대표적인 인물로 간주하

고 이에 관한 기술을 간략하게나마 해놓았다는 점도 특기할
만한 점이다. 유형화가 '단순화'의 함정을 피할 수 없다는 점
을 유념하고 각 영성을 살피기 위한 안내도로 사용한다면 유
용하게 쓸 수 있는 저작이다.

7. 《중세교회사》, R.W. 서던, 이길상 옮김, 크리스찬다이제스트, 1999.

중세 교회의 역사와 관련해 정평이 나 있는 서던의 저작
으로 펭귄 교회사 시리즈 중 '중세편'에 해당한다. "종교 사
상과 사회 관습이 일찍이 그 전례를 찾아볼 수 없을 만큼 정
교하고 통일된 체계를 이룩했던" 중세시기에 관해, 교회라
는 제도와 사회 환경의 상호 관계에 역점을 두고 기술하고
있다.

총 7장으로 구성되어 있으며 중세의 정의부터 시작해, 당
시 교회와 사회의 관계, 동서방 교회의 분열, 교황제의 확립
과정, 각 수도회의 형성 등을 두루 다루고 있다. 프란치스코
및 프란치스코회에 관한 설명은 6장 '수도회들'에 나오는데
지은이가 보기에 프란치스코회와 도미니코회 같은 탁발수
도회들의 등장은 도시들의 발전 및 대학의 등장이라는 당대

새로운 모습과 흐름을 같이 한다. 기존 수도회들에서도 '가난'을 다루긴 했으나 프란치스코회에서 더욱 선명하고 풍부하게 다루어졌던 것은 바로 이러한 사회의 변화와 밀접한 관련이 있다. 저자는 말한다.

> 프란치스코는 가난과 부를 볼 때 도시 생활에서 졸부가 되었다가 순식간에 모든 재산을 탕진하는 것을 보고서 자란 사람만이 가질 수 있는 시각으로 보았다. 그는 …부란 … 자연스러운 것이고, 재산이 하나도 없을 정도로 가난한 사람은 없다는 안일한 생각을 하지 않았다. 부란 사람이 자신을 위해서 일으키는 이익일 뿐이라고 보았으며, 따라서 부패한 것이라고 보았다. … 가난은 순결과 로맨스의 이상처럼 환히 빛났으며, 예수 그리스도의 생애와 가난을 따르려는 그의 시도에서 맨 앞자리를 차지했다. - 본문 中

프란치스코회의 형성과 당시 중세 사회상의 흐름이 어떠한 관련을 맺고 있는지 관심을 두고 있는 독자들은 물론 중세 그리스도교 교회에 대한 전반적인 상을 잡기에 적절한 저작이다.

| 아씨시 프란치스코 글 목록 |

*아씨시 프란치스코의 글은 모두 『아씨시 프란치스코와 클라라의 글』, (작은 형제회 한국관구 엮음, 프란치스코출판사, 2014)에 수록되어 있다.

I. 프란치스코 원전

약어	제목
권고 (Adm)	권고들 Admonitiones
규칙 단편 (Frag)	「인준받지 않은 수도규칙」의 다른 편집본들의 단편들 Fragmenta alterius Regulae
노래 권고 (ExhCl)	들으십시오, 가난한 자매들이여 (노래 형식의 권고) Audite Poverelle
단식 편지 (EpCl)	단식에 관하여 클라라와 자매들에게 보낸 편지 Epistulae s. Clarae de ieiunio
덕 인사 (SalVirt)	덕들에게 바치는 인사 Salutatio Virtutum
동정녀 인사 (SalBMV)	복되신 동정 마리아께 드리는 인사 Salutatio B. Mariae Virginis
레오 축복 (BenLeo)	레오 형제에게 준 축복 Benedictio fratri Leoni data
레오 편지 (EpLeo)	레오 형제에게 보낸 편지 Epistulae ad fratrem Leonem
마지막 원의 (UltVol)	클라라와 그의 자매들에게 써 보낸 마지막 원의 Ultima Voluntas S. Clarae
베르나르도 축복 (BenBer)	베르나르도 형제에게 준 축복 Benedictio fratri Bernardo

1보호자 편지 (EpCust I)	보호자들에게 보낸 편지 1 Epistulae ad Custodes I
2보호자 편지 (EpCust II)	보호자들에게 보낸 편지 2 Epistulae ad Custodes II
봉사자 편지 (EpMin)	어느 봉사자에게 보낸 편지 Epistulae ad Ministrum
비인준 규칙 (RegNB)	인준받지 않은 수도규칙 Regula non Bullata
생활 양식 (FormVit)	클라라와 그의 자매들에게 준 생활 양식 Forma Vivendi S. Clarae
1성직자 편지 (EpCler I)	성직자들에게 보낸 편지 1 Epistulae ad Clericos I
2성직자 편지 (EpCler II)	성직자들에게 보낸 편지 2 Epistulae ad Clericos II
수난 성무 (OffPass)	주님의 수난 성무일도 Officium Passionis Domini
시간경 찬미 (LaudHor)	시간경마다 바치는 찬미 Laudes ad omnes Horas
시에나 유언 (TestSen)	시에나에서 쓴 유언 Testamentum Senis factum
1신자 편지 (EpFid I)	신자들에게 보낸 편지 1 Epistulae ad Fideles I
2신자 편지 (EpFid II)	신자들에게 보낸 편지 2 Epistulae ad Fideles II
십자가 기도 (OrCruc)	십자가 앞에서 드린 기도 Oratio ante Crucifixum dicta
안토니오 편지 (EpAnt)	안토니오 형제에게 보낸 편지　Epistulae ad sanctum Antonium
유언 (Test)	유언 Testamentum
은수처 규칙 (RegEr)	은수처를 위한 규칙 Regula pro Eremitoriis
인준 규칙 (RegB)	인준받은 수도규칙 Regula Bullata
주님 기도 (ExpPat)	"주님의 기도" 묵상 Expositio in Pater noster

지도자 편지 (EpRec)	백성의 지도자들에게 보낸 편지 Epistulae ad populorum Rectores
찬미 권고 (ExhLD)	하느님 찬미의 권고 Exhortatio ad Laudem Dei
참기쁨 (VPLaet)	참되고 완전한 기쁨 De Vera et perfecta laetitia
태양 노래 (CantSol)	태양 형제의 노래 (피조물의 노래) Canticum fratris Solis
하느님 찬미 (LaudDei)	지극히 높으신 하느님께 드리는 찬미 Laudes Dei altissimi
형제회 편지 (EpOrd)	형제회에 보낸 편지 Epistulae toti Ordini missa

II. 프란치스칸 원천

약어	제목
가난교제	가난 부인과 성 프란치스코와의 거룩한 교제
	『가난 부인과 성 프란치스코와의 거룩한 교제』(프란치스코 출판사, 2015)로 역간
대전기	성 프란치스코의 대전기(보나벤투라)
	『보나벤뚜라에 의한 아씨시의 성 프란치스꼬 대전기』(분도 출판사, 1991)로 역간
세 동료	세 동료들의 전기
	『성 프란치스코 전기 모음』(프란치스코 출판사, 2012)에 수록
소완덕	완덕의 거울(소)
소전기	성 프란치스코의 소전기(보나벤투라)
스피라	성 프란치스코의 생애(율리아노 스피라)

아씨시 편집본	아씨시의 편집본(페루자 전기)
	『성 프란치스코 전기 모음』(프란치스코 출판사, 2012)에 수록
엘리야 편지	프란치스코의 죽음을 알리는 편지
	『성 프란치스코 전기 모음』(프란치스코 출판사, 2012)에 수록
완덕의 거울	작은 형제의 완덕의 거울
우골리노 규칙	우골리노의 수도규칙
인노첸시오 규칙	인노첸시오(인노켄티우스) 4세의 수도규칙
잔 꽃송이	성 프란치스코의 잔 꽃송이
	『성 프란치스꼬의 잔 꽃송이』(분도 출판사, 1975)로 역간
1첼라노	성 프란치스코의 제 1 생애
	『아씨시 성 프란치스꼬』(분도 출판사, 2000)에 수록
2첼라노	성 프란치스코의 제 2 생애(간절한 마음의 비망록)
	『아씨시 성 프란치스꼬』(분도 출판사, 2000)에 수록
3첼라노	복되신 프란치스코의 기적 모음집
	『아씨시 성 프란치스꼬』(분도 출판사, 2000)에 일부 수록
클라라 시성 교서	클라라의 시성 교서
클라라 시성 증언	클라라의 시성 조사 증언
클라라 전기	아씨시의 성녀 클라라의 전기
해설	작은 형제들의 수도규칙 해설(우고 다냐)
행적	복되신 프란치스코와 동료 형제들의 행적

| 아씨시 프란치스코 연보 |

1181/1182 아씨시에서 출생

1202 아씨시와 페루자의 전쟁 중 페루자에서 1년간 포로 생활

1203 아씨시와 페루자 협정 체결. 포로 생활에서 풀려나 아씨시로
돌아와 병상 생활.

1205 기사가 될 마음으로 풀리아로 떠났으나 스폴레토 계곡에서 환
시 체험을 한 뒤 아씨시로 돌아옴. 회심의 여정이 깊어짐.

1205-6 산 다미아노 성당의 십자가에서 "프란치스코야, 내 집이 무너
진 것을 보고 있지 않으냐? 가서 나를 위해 이 집을 수리하여
라"하는 말씀을 들음.

1206 아씨시 주교 앞에서 알몸으로 아버지의 재산을 포기하고 굽비
오로 가서 나병 환자들을 돌봄.

아씨시로 돌아와 은둔 수도자의 옷을 입고 산 다미아노 성당,
성 베드로 성당 등을 차례로 수리함.

1208 포르치운쿨라 성당에서 성 마티아 사도 축일에 미사를 봉헌하
면서 사도들의 파견에 관한 복음 말씀을 듣고 자신의 성소에
대해 확신. 은둔 수도자의 옷을 십자가 모양의 회개복으로 갈
아 입음.

4월경, 베르나르도 퀸타발레, 피에트로 카타니, 에디지오 형제
가 동참. 둘씩 짝을 지어 순례 여행을 떠남.

1209 형제들이 12명이 되자 '생활 양식'을 인준받기 위하여 로마에
감. 인노켄티우스 3세 교황에게 구두로 인준 받음. 포르치운쿨
라 성당으로 거처를 옮김.

1211/1212 선교 목적으로 시리아를 향하여 떠났으나 폭풍을 만나 달마티

아를 거쳐 안코나로 돌아옴.

1212   포르치운쿨라에서 클라라를 받아들임.

1212/1213 모로코로 가기 위하여 스페인까지 갔으나 신병으로 뜻을 이루지 못하고 돌아옴.

1213   오를란도 키우시 백작이 라 베르나 산을 희사.

1219   피에트로 카타니와 함께 중동으로 향하는 배를 타고 다미에타에 도착. 9월경 이집트의 술탄을 만남.

1220   모로코에서 5명의 작은 형제들이 처음으로 순교. 9월 29일 형제회의 행정직을 사임. 피에트로 카타니 형제가 총봉사자 대리가 됨.

1223   호노리우스 3세 교황이 형제회의 수도규칙을 인준.

        그레초에서 구유를 만들어 경배하며 성탄 축일을 지냄.

1224   라 베르나 산에서 사순절을 지내다가 주님의 다섯 상처, 오상을 받음.

        포르치운쿨라로 돌아오나 병세가 악화.

1225   산 다미아노 성당에 지은 오두막에 머무름.

1226   치료를 위하여 시에나로 갔으나 건강이 더욱 악화. 10월 3일 저녁 죽음 자매를 맞이함.

1228   그레고리우스 9세 교황에 의해 시성.

1230   유해가 아씨시 대성당으로 옮겨져 안치됨.

| 한국 주요 프란치스칸 웹사이트 |

1. 작은 형제회: http://www.ofmkorea.org

2. 꼰벤뚜알 프란치스코 수도회: http://www.ofmconv.or.kr

3. 카푸친 작은 형제회: http://www.capuchin.or.kr

4. 마리아의 전교자 프란치스코회: http://www.fmmkor.org

5. 재속 프란치스코 국가 형제회: http://www.ofskorea.org

6. 성공회 성 프란시스 수도회: http://www.francis.or.kr

7. 성공회 프란시스 수녀회: http://cafe.daum.net/CSFKOREA

아씨시 프란치스코

 기쁨에 찬 가난, 기도로 빚어낸 기쁨

초판 1쇄 발행 | 2015년 10월 23일

지은이 | 사이먼 콕세지
옮긴이 | 양세규

발행처 | ㈜타임교육
발행인 | 이길호
편집인 | 김경문
편집 | 민경찬 · 안연주
제작 | 김진식 · 김진현
재무 | 장무창 · 강상원
마케팅 | 이태훈
디자인 | 손승우

출판등록 | 2009년 3월 4일 제322-2009-000050호
주소 | 서울시 성동구 성수동2가 281-4 푸조비즈타워 5층
주문전화 | 02-3480-6627
팩스 | 02-395-0251
이메일 | via@t-ime.com

ISBN | 978-89-286-3195-7 04230
ISBN(세트) | 978-89-286-2921-3 04230
한국어판 저작권 ⓒ 2014 성공회 서울 교구